Als ich Kind war ...

Doris Meißner-Johannknecht

OCM
DER VERLAG

1. Auflage November 2023

ISBN 978-3-949902-15-4

Gestaltung, Satz und Herstellung:
OCM GmbH, Dortmund

Verlag:
OCM GmbH, Dortmund, www.ocm-verlag.de

Druck: Mazowieckie Centrum Poligrafii Sp. z o.o., Polen

Bildmaterial Umschlag © Doris Meißner-Johannknecht

Bibliografische Information der Deutschen Nationalbibliothek
Die Deutsche Nationalbibliothek verzeichnet diese Publikation in der Deutschen Nationalbibliografie; detaillierte bibliografische Daten sind im Internet über http://dnb.d-nb.de abrufbar.

ALS ICH KIND WAR ...

WAR DIE WELT MEINE WELT.

Doris Meißner-Johannknecht

40 Geschichten

Doris Meißner-Johannknecht
Geboren 1947 in Dortmund, arbeitete sie als Therapeutin, Journalistin und Dozentin.
Seit 1990 ist sie freiberufliche Autorin.
Sie verfasste Theaterstücke, Erzählungen und veröffentlichte über 50 Romane für Kinder, Jugendliche und Erwachsene.
Ihre Werke wurden in insgesamt 11 Sprachen übersetzt.
Sie erhielt zahlreiche Preise und Auszeichnungen, auch über deutsche Grenzen hinaus.

Als ich Kind war …

hing die Luft voller Sprüche.
Sie hingen oben und unten.
Rechts und links.
Überall.
Nur wenn man davonlief, hörte man sie nicht.
Zum Beispiel:
Im Keller.
Auf dem Dachboden.
Im Garten.
Oder im Wald.
Und wenn man sich die Ohren zuhielt.
Trotzdem waren sie immer da.
Immer!
„Sei jetzt still!
Geh spielen!
Sei brav!
Das gehört sich nicht!
Räum jetzt auf!
Lass die Rennerei!
Räum Deine Sachen weg!
Hände waschen vor dem Essen nicht vergessen!
Der Teller wird leer gegessen!
Mit vollem Mund spricht man nicht!
Sitz gerade!
Ellenbogen vom Tisch!

Hände neben den Teller!
Nicht schmatzen!
Lass das Popeln!
Geh in dein Zimmer!
Reiß dich zusammen!
Stell dich nicht so an!
Und denk dran:
Der liebe Gott sieht alles!
Also:
Nicht lügen!
Nicht stehlen!
Keine Widerworte geben!
Den Eltern gehorchen!“

Kein Tag verging ohne Sprüche.
Aber sie waren ... alle umsonst!

Als ich Kind war ...

brachte der Klapperstorch das,
was man sonst nirgendwo kaufen konnte!
Er brachte Brüder und Schwestern.
Wenn man alles richtig machte.
Für einen Bruder musste Salz auf die Fensterbank gestreut werden.
Für eine Schwester musste es Zucker sein.
So funktionierte es.
Überall.
In der Siedlung wimmelte es vor Kindern.
Alle meine Freunde hatten zig Geschwister.
Und die wurden vom Klapperstorch gebracht.
Man brauchte nur Salz und Zucker.
Je nachdem, was man sich wünschte.
Das war damals so.
Auch ich wollte alles richtig machen.
Ich wollte unbedingt einen Bruder!
Am allerliebsten einen Bruder!
Na ja, eine Schwester hätte ich auch genommen.
Hauptsache, nicht länger Einzelkind!
Bloß nicht mehr allein sein!
Also heimlich die Kilopackung Salz aus der Vorratskammer.
Ab damit auf die Fensterbank.
Und warten.

Mit Herzklopfen.
Und abgenagten Fingernägeln.
Immer wieder nachschauen.
War das Salz weg?
Der Klapperstorch schon da?
Und der Bruder im Kinderzimmer?
In jeder freien Minute der heimliche Blick auf die Fensterbank.
Aber der Klapperstorch hatte das Salz noch nicht entdeckt!
Wie sollte ich schlafen können?
Ein letzter Blick dann im Schlafanzug.
Alles noch da!
Nicht ein Krümel fehlte.
Was war der Grund?
Nicht die richtige Sorte Salz?
Mochte der Klapperstorch die Luxusmarke ‚Allerfeinstes Meersalz' etwa nicht?
Mit diesem Gedanken schlief ich ein.
In der Nacht ging die Tür zu meinem Zimmer auf.
Und sie marschierten herein.
Kleine Brüder, große Brüder.
Kleine Schwestern, große Schwestern.
Immer mehr drängten in mein Zimmer.
Stiegen auf den Schrank, den Stuhl, auf den Tisch.
Kletterten auf mein Bett.
Rissen mir die Bettdecke weg.

Zupften an meinen Haaren, kniffen in meine
Nase,
hielten mir die Ohren zu.
Die kleinste aller Schwestern riss ihren Schnuller
aus dem Mund.
Und küsste mich auf die Lippen!
Igitt!
Ich wurde wach.
War nass geschwitzt.
Sprang aus dem Bett.
Das Zimmer war leer!
Gott sein Dank!
Ich war allein!
Wollte ich das?
Nein, ich wollte einen Bruder!
Unbedingt!
Immer noch!
Ich hatte geträumt.
Mehr nicht!
Also schnell zur Fensterbank.
Das Salz war verschwunden!
Und der Bruder?
Im Haus war alles still wie sonst.
Die Eltern schüttelten ihre Köpfe.
Nein, auch sie hatten keinen Bruder gesehen.
Ich startete einen neuen Versuch.
Meersalz auf die Fensterbank.
Ein ganzes Kilo.
Aber nichts passierte.
Fand der Klapperstorch unser Haus nicht?

Oder hatte er momentan einfach keine Brüder im Angebot?
Zum Glück lagerten noch viele Packungen Salz im Vorratsschrank.
Ich gab nicht auf.
Eine Packung nach der anderen landete auf der Fensterbank.
Jeden Tag.
Wochenlang.
Nichts passierte.
Das Salz verschwand.
Jeden Morgen.
Aber es wurde kein Bruder geliefert.
Und dann war auch die letzte Packung Salz weg.
Es gab nur noch Zucker.
Zucker heißt Schwester.
Wollte ich das?
Besser als Alleinsein auf jeden Fall!
Einzelkind zu sein, fand ich doof.
Niemanden zum Spielen.
Niemanden zum Ärgern.
Also eine Schwester.
Vor dem Kindergarten kippte ich die Tüte heimlich auf die Fensterbank.
Es tat mir leid um den guten Zucker.
Er war kostbar.
Viel teurer als Salz.
Jedenfalls damals, als ich Kind war.
Ich stopfte mir schnell noch zwei Esslöffel voll in den Mund.

Lecker!
Viel zu schade für die Fensterbank.
Aber für eine Schwester musste das jetzt sein.
Im Kindergarten wurde ich am Stuhl fest-
gebunden.
Ja, das passierte oft.
Ich konnte nicht stillsitzen.
Ich musste immer an den Klapperstorch denken.
Hatte er die Schwester schon gebracht?
Und wie machte er das?
Mein Freund Fritz erzählte, dass das Baby in
einem Korb
durch den Schornstein fallen gelassen wird.
Ich wollte unbedingt dabei sein, wenn das
passierte ...
Als der Kindergarten endlich aus war, rannte ich
nach Hause.
Meine Mutter stand vor der Fensterbank.
In der einen Hand ein Kehrblech.
In der anderen einen Handbesen.
Sie war sauer.
Das sah ich gleich.
Ihr Gesicht knallrot.
Auf der Stirn tiefe Falten.
Die Lippen zusammengepresst.
Diese Mutter machte mir Angst.
Was war passiert?
Mein weißer Zuckerberg hatte sich in einen
braunen Haufen verwandelt.
Es krabbelte und wimmelte kreuz und quer.

Ameisen! Millionen Ameisen!
„Mach das nie wieder!“
Mehr sagte meine Mutter nicht.
Da wusste ich, zu mir würde der Klapperstorch niemals kommen.
Niemals.
Und niemals wieder würde ich Salz oder Zucker auf die Fensterbank streuen.
Einzelkind bleibt Einzelkind!
„Das ist doch toll! Nichts teilen, keine Rücksicht nehmen!“
Die Sätze meiner Freunde!
Die hämmerte ich mir ein.
Und wollte sie gut finden!
Nach und nach vergaß ich die Geschichte mit dem Klapperstorch.
Aber dann ... eines Tages ... kam er dann doch vorbei.
Hatte sich wohl nur verspätet.
Zum Trost brachte er dann gleich zwei.
Einen Bruder.
Und eine Schwester.
Muss ein großer Korb gewesen sein!
Wie hatte der bloß durch den Schornstein gepasst?
Natürlich gabs die Zwillinge nicht in echt.
Es war nur ein wunderschöner Traum.
Ich blieb Einzelkind.

Als ich Kind war ...

gab es Taschengeld.
Geld für die Tasche.
Ein paar Münzen, die in die Hosentasche passten.
Nicht viel also!
Taschengeld zu haben, war das allergrößte Glück!
Es bedeutete, sich an der Bude
(heute heißt das Kiosk) Süßigkeiten
kaufen zu können!
Lakritzschnecken, Salmiakpastillen, Gummibärchen!
Schaumwaffeln, Esspapier, Brausepulver!
Eine weiße Papiertüte voll.
Ein Traum war das.
Es gab nur wenige Kinder, die Taschengeld bekamen.
Die ganz Glücklichen regelmäßig an jedem Sonntag.
Nach dem Gang in die Kirche.
Von Oma oder Opa.
Von Tante oder Onkel.
Von Mutter oder Vater.
Meistens gab es einen Groschen.
Der reichte für ein paar Bonbons.

Ein Fünfzigpfennigstück war schon echter Reichtum.
Dafür gabs eine kleine Tafel Schokolade.
Ein Traum!
Die weniger Glücklichen bekamen nur ab und zu ein Taschengeld.
Man wusste aber nie, wann es so weit war.
Mal zum Geburtstag.
Oder zu Weihnachten.
Zu Ostern auch.
Meistens ein Zehnpfennigstück.
Dafür konnte man sich zwei Kugeln Eis kaufen.
Oder eine kleine Tüte voll mit Himbeerbonbons.
Die Unglücklichen bekamen kein Taschengeld.
Der Gang zur Bude war versperrt!
Das ganze verlockende Zuckerzeug ... unerreichbar!
Negerküsse, Veilchenpastillen, Wundertüten!
Nur ein großer Traum!
Ich war so ein Unglückskind!
„Viel zu ungesund das ganze Zuckerzeug!“, sagten meine Eltern.
Es gab niemals auch nur einen einzigen Groschen.
Und keine Verwandten, die mir heimlich was zusteckten.
Aber mein Wunsch war groß!
Nicht auszuhalten, so groß!
Was konnte ich tun?
Wie kam Geld in meine Tasche?

Geld für den Gang zur Bude?
Suchen und finden.
Mehr fiel mir nicht ein.
Irgendwo müsste doch wenigstens ein Groschen liegen ...
Ich begann zu suchen.
Immer dann, wenn meine Eltern das Haus verlassen hatten.
Ich durchwühlte Schränke und Schubladen.
Schaute unter Teppiche.
Untersuchte Schüsseln und Tassen.
Nichts.
Keine einzige Münze!
Für das Zuckerzeug an der Bude!
Ich war traurig.
Verzweifelt fast.
Und wütend auch.
Dann kam die Erleuchtung!
Die letzte Möglichkeit!
Die Anzugtaschen von meinem Vater!
Sein Kleiderschrank hing voll.
Grau in Grau, frisch gebügelt, ordentlich nebeneinander.
Ich war aufgeregt.
Meine Hände zitterten.
Bloß nix durcheinanderbringen!
Bloß nicht erwischen lassen!
Meine Ohren immer auf Empfang!
Hoffentlich kommt jetzt niemand ...
Luft anhalten und suchen ... jetzt ...

Der erste Anzug!
Und das Wunder geschah!
Schon beim ersten Anzug fielen mir drei Groschen in die Hände.
Ab damit in meine Hosentasche.
Und schnell weg!
Drei Groschen!
Ich war reich!
Und das war nur der Anfang von meinem Glück.
Es hingen mindestens noch zehn Anzüge im Schrank!
Alle warteten auf mich.
Mit neuen Schätzen für die Bude.
Ich brauchte kein Taschengeld!
Ich hatte eine Quelle entdeckt.
Der Wahnsinn!
Beim Mittagessen brachte ich keinen Bissen runter.
Es gab mein Lieblingsessen.
Bratwurst mit Kartoffelbrei.
„Du sollst nicht stehlen!"
Dieser Satz hatte meinen Magen zugesperrt.
Aber war das überhaupt Diebstahl?
Im Kindergarten hatte ich den Unterschied von Diebstahl
und Mundraub gelernt.
Mein Plan war, niemals etwas zu stehlen.
Denn stehlen ist eine Sünde.
Und die wird vom lieben Gott bestraft.
Und eine Strafe wollte ich auf keinen Fall.

Man kam in die Hölle.
Oder ins Fegefeuer.
Man würde verbrennen.
Grässlich!
Mundraub aber war keine Sünde.
Mundraub hieß, man darf sich etwas nehmen, wenn man es gleich aufisst.
Bei großem Hunger zum Beispiel.
Erlaubt war das Eindringen in Schrebergärten.
Dort konnte man sich bedienen.
Ich hatte das jedenfalls so verstanden.
Äpfel und Pflaumen vom Baum pflücken.
Möhren und Radieschen aus der Erde ziehen.
Erdbeerfelder plündern.
All das war erlaubt, wenn man es sofort aß.
Und das nannte sich Mundraub.
Ein Raub für den Mund!
Diebstahl war das nicht!
Nach dem Mittagessen schlich ich aus dem Haus.
Rannte zur Bude.
Legte die drei Groschen auf die Theke.
„Drei Schaumwaffeln bitte!"
Ich verschlang sie auf der Stelle.
Der süße klebrige Brei hing noch lange zwischen den Zähnen.
Mit großer Vorfreude.
Auf die nächste Schatzsuche.
In den Anzugtaschen!

Als ich Kind war ...

träumte jeder davon, schwimmen zu können.
Wenn man schwimmen konnte, war man groß.
Aber es gab keinen Schwimmunterricht.
Keine Schwimmreifen.
Keine Schwimmflügel.
Keinen Schwimmgürtel.
Es gab das Nichtschwimmerbecken.
Zum Planschen. Tauchen. Toben.
Das war peinlich.
Das war für Kleinkinder.
Der Traum für große Kinder war das Becken für die Schwimmer.
Aber man musste schwimmen können.
Sonst würde man ertrinken.
Bloß wie ging das?
Schwimmen ohne Schwimmlehrer, Schwimmflügel, Schwimmgürtel?
Damals, als ich Kind war?
Als Nichtschwimmer schlich man am Beckenrand entlang.
Tagelang. Wochenlang.
Schaute sehnsüchtig ins tiefe Becken.
Da tobten schon die Helden, die es geschafft hatten.
Die nicht mehr untergingen.

Aber niemand konnte sagen, wie das ging.
Es war einfach so.
Irgendwann schafften es fast alle.
Sie konnten schwimmen.
Auch ich wartete darauf.
Es würde passieren.
Ich würde schwimmen können.
Und dann war er da, dieser besondere Tag.
Mein Freund Fritz kam auf mich zu gerannt.
Rempelte mich an.
Gab mir einen Stoß.
Ich stolperte und fiel ins tiefe Becken.
Tauchte unter.
Hilfe!
Ertrinken wollte ich nicht!
Ich kämpfte mit dem Wasser.
Strampelte auf den Beckenrand zu.
Meter um Meter!
Wie ein Frosch in Todesangst.
„Na endlich! Wurde auch langsam Zeit!"
Fritz grinste.
Ich konnte schwimmen.

Als ich Kind war …

gab es einmal im Jahr einen besonderen Tag!
Es war der härteste im Jahr!
Anstrengend wie sonst nichts auf der Welt!
Es war der Muttertag!
An diesem Tag musste die Mutter geehrt werden!
Das hieß, den ganzen Tag lang drehte sich alles um die Mutter!
Man musste alles tun, um ihr zu zeigen, wie wichtig sie war.
Denn sie war die Wichtigste!
Sowieso!
Und immer!
Aber besonders an diesem Tag!
Dem Muttertag!
Es musste der schönste Tag des Jahres sein!
Für die Mutter!
Los ging es mit der Vorbereitung schon Wochen vorher.
Mit der Frage nach den Geschenken.
Denn das war klar, am Muttertag wurden Geschenke erwartet.
Geschenke, die viel Mühe machten.
Und manchmal auch Geld kosteten.
Ja, Geld!

Ich hatte keins.
Wie sollte ich was kaufen können?
Mein Freund Fritz hatte da kein Problem.
Er bekam für jede Eins fünfzig Pfennig.
Und er schrieb nur Einsen.
Fritz war reich.
Ich war froh, wenn ich keine Fünf schrieb!
Für Fritz war der Muttertag ein normaler Sonntag!
Mit Käsesahnetorte und Kartoffelsalat.
Er kaufte von seinem Geld eine Sammeltasse.
Alle Jahre wieder.
Seine Mutter war glücklich.
Sie sammelte diese besonders kostbaren Tassen.
Mit aufgemalten Blumen und Goldrand.
Meine Mutter hätte so was kitschig gefunden.
Aber bei Fritz war alles anders.
Total entspannend!
Ich hätte gerne die kleine Kristallvase gekauft.
Die gabs im Blumenladen.
Für 80 Pfennig!
Ich hätte Veilchen und Gänseblümchen gepflückt.
Die hätten supergut reingepasst.
Ein perfektes Geschenk!
Für den Geschmack meiner Mutter!
Aber weil ich kein Geld hatte, musste ich was malen.
Der Horror!
Mit Stiften, Pinseln und Schere stillsitzen!

Das Schlimmste überhaupt.
Natürlich hätte ich einen Kuchen backen können.
Meine Mutter liebte selbst gebackenen Kuchen.
Aber erstens war ich ein Kuchenhasser.
Und zweitens fehlte mir die Geduld fürs Backen.
Ich scheiterte schon beim Trennen der Eier.
Ich schaffte es nicht, Eigelb und Eiweiß sauber zu trennen.
Meistens fiel mir das Ei schon beim Aufschlagen auf den Boden.
Und da lag sie dann, die glitschige Eierpatsche.
Ziemlich ekelig.
Ich war ein Kind, das draußen rumrannte.
Auf Bäume kletterte.
Über Mauern sprang.
Wilde Gelände durchstreifte.
Und Abenteuer suchte.
Und nun, wie jedes Jahr diese Anstrengung!
Ein Bild malen?
Einen Brief an die Mutter schreiben?
Ein Gedicht dichten?
Verziert mit unzähligen roten Rosen, bunten Blumengirlanden und flammenden Herzen?
In allerbester Schönschrift.
Auf Linien möglichst gerade.
Nicht über den Rand schreiben!
Hundertmal abgeschrieben.
Bis der Text perfekt war.
Und die Hand abfiel!
Im Lesebuch fand ich ein Gedicht.

Von einem sehr berühmten deutschen Dichter.
Gabs was Besseres?
Mir fiel nichts anderes ein.
Also schrieb ich den Text ab.

„Geduldig trägt dein Mütterlein
Für dich so manche Last.
Drum halte sie auch lieb und wert,
solange du sie noch hast!“
Er würde ihr gefallen, oder?

Dann kam der Tag!
Mit seinen Erwartungen.
Brav sein, brav sein, brav sein!
Den ganzen Tag lang!
Der Mutter jeden Wunsch von den Augen ablesen!
Den Tisch decken.
Mit Blumen aus dem Garten.
Beim Essen an alle Tischmanieren denken.
Gerade sitzen.
Ellenbogen vom Tisch.
Nicht mit vollem Mund reden.
Es funktionierte nie.
So sehr ich mich anstrengte!
Die Tasse kippte um.
Der Kakao lief braun über die weiße Decke.
Die Gabel mit dem Spiegelei fiel auf den Boden.
Auf die hellblaue Bluse war Eigelb gekleckert.
Der Tag fing mal wieder super an.

Stillsitzen funktionierte nicht bei mir.
Ich strengte mich wahnsinnig an.
Alles richtig zu machen.
Das liebe gut erzogene Kind zu sein.
Das seiner Mutter nur Freude machte.
Wenigstens zum Muttertag!
Aber ich schaffte es einfach nicht.
Im Blick meiner Mutter Enttäuschung!
So als wollte sie sagen: womit habe ich bloß so eine Tochter verdient?
Die weißen Sonntagsstrümpfe hatten schwarze Spuren.
Dabei hatte ich bloß meine Sonntagschuhe geputzt.
Mit schwarzer Schuhcreme.
Es war schließlich Muttertag!
Am Nachmittag rollte die Verwandtschaft an.
Onkel und Tanten.
Die waren ganz wild auf die Buttercremetorte.
Mein Magen drehte sich.
Ich ging in die Küche und schmierte mir ein Schinkenbrot!
Tante Erna polterte sofort los:
„Heute ist Muttertag!
Jetzt wird Torte gegessen!
Hampel nicht so herum!
Aufstehen darfst du erst, wenn wir es erlauben!“
Ich hielt mir die Ohren zu.
Mehr Sätze konnte ich nicht aushalten.
„Geh in dein Zimmer!“

Auf diesen Satz hatte ich bloß gewartet.
Danke Tante Erna!
Ich sprang sofort auf.
Aber ich habe mich zusammengerissen.
Die Tür nicht zugeknallt wie sonst.
Es war Muttertag!
Beim Abendessen wollte ich alles perfekt machen.
Der Muttertag war noch nicht zu Ende.
Ich wollte den Tisch decken.
Gabel links, Messer rechts.
So wie ich das gelernt hatte.
Aber irgendwas war dann doch falsch.
Tante Erna drehte die Messer um.

„Die gezackte Seite muss nach innen!
Lernst du das nie?"
Wahrscheinlich nicht!
Aber ich blieb stumm.
Auch beim Abendessen.
Ich sagte kein Wort mehr.
Schluckte die Widerworte runter.
Diesen Muttertag hatte ich mal wieder voll versaut.
Endlich war der Abend da.
Ich durfte ins Bett.
Vorher jedem die Hand geben.
Lächeln.
„Gute Nacht!" sagen.
Unsichtbar werden!

Ein ganzes Jahr Ruhe haben!
Aber dann ...

Als ich Kind war …

gab es keinen Fernseher.
Keine Playstation.
Kein Handy.
Kein Tablet.
Keinen PC.
Einige hatten ein Radio.
Sehr wenige hatten einen Plattenspieler.
Und Bücher?
Es gab sie, das ja.
Aber Bücher waren teuer.
Bücher waren kostbar!
Die meisten Menschen besaßen kein einziges Buch.
Mein erstes Buch war ein Gesangbuch.
Das benutzte ich oft.
Ich war katholisch.
Ich musste oft in die Kirche.
Ich hatte meine Lieblingslieder.
Nur deshalb ging ich gerne in die Kirche.
Mein zweites Buch waren Geschichten über Heilige.
Das waren Menschen, die ihr Leben geopfert haben.
Sie haben sich töten lassen.
Für ihren Glauben.

Das war mir fremd.
Deshalb mochte ich wohl solche Geschichten nicht.
Ich hätte gerne Comics gelesen.
Donald Duck und Mickey Mouse.
Wie mein Freund Fritz.
Aber Comics waren keine richtigen Bücher.
Das waren Hefte mit bunten Sprechblasen.
Es gab keine richtigen Sätze.
Nur Wortfetzen.
Comics waren Schund.
Also was Schlechtes.
Fanden meine Eltern.
Comics las ich also nur heimlich.
Mein drittes Buch war ein Märchenbuch.
Das mochte ich sehr.
Weil das Gute immer siegte.
Die Bösen wurden bestraft.
Die Armen wurden reich.
Das war ein großer Trost.
Ich dachte, genauso ist das Leben!
Und es wurde zu meinem Motto:
Das Gute wird belohnt!
Also sei immer hilfreich und gut!
Und dann gabs eines Tages endlich das Buch.
Eins, das mich beflügelte.
Eins, von dem ich nicht genug bekommen konnte.
Von dem ich wünschte, es würde nie ein Ende geben.

Es stand in der Klassenbücherei.
Es war ein kleines Buch.
Es passte in meine Hand.
Es hatte fröhliche Farben.
Auf dem Cover saß ein Mädchen auf einem Koffer.
Ein Mädchen mit frechen Sommersprossen.
Abstehenden roten Zöpfen.
Bunten Ringelsocken.
Im Arm ein Affe im lustigen Anzug.
Pippi Langstrumpf!
Und mit ihr hat sie begonnen.
Meine Leidenschaft für Bücher.
Für Bücher mit spannenden, schrägen, verrückten, lustigen Geschichten.
Geschichten, die ich gerne in echt erlebt hätte!
Wie gern wäre ich Pippi Langstrumpf gewesen!
Allein in einer Villa Kunterbunt!
Mit Pferd, Affe und Schatztruhe.
Ohne Eltern!
In absoluter Freiheit!
Ohne die verhasste Schule!
Ein Traum!
So leben zu können!
Das Größte!
Solche Bücher wollte ich lesen!
Eintauchen in eine Welt, die anders war als meine!
Und so eine Welt wünschte ich mir in echt!
Dann las ich ‚Hanni und Nanni'.

Wie toll muss es im Internat sein!
Mein Wunsch war übergroß.
Ich bearbeitete meine Eltern.
So lange, bis ich drin war.
Im Internat.
Dass es dort ganz anders war als in den Büchern
von Enid Blyton,
war ein großer Schock!
Es war gruselig dort.
Aber das verschwieg ich meinen Eltern!
Und blieb dort fünf lange Jahre lang.
Das Gute aber war, es gab Bücher.
Ich las und las.
Alles, was mir in die Finger kam.
Ich hatte keine Zeit mehr für Hausaufgaben.
Ich musste lesen.
Immer und überall.
Und ich las heimlich.
Mit der Taschenlampe unter der Bettdecke.
In der Kirche.
In der Schule.
Immer.
Das war Glück.
Das war die große weite Welt!
Ich las die Romane aus dem Bücherschrank
meines Vaters.
Die waren verboten.
Aber ich liebte sie.
Auch wenn ich nicht alles verstand.
Faszinierend für mich dann das Lexikon.

Zehn dicke Bücher in Ledereinband und Goldschnitt.
Ich las alles, was mich interessierte.
Von A bis Z.
Immer wieder.
Ich wollte alles wissen.
Und wusste schnell, das war nie zu schaffen.
Aber es war spannend.
Und ich langweilte mich nie.
Niemals mehr, seit ich Bücher entdeckt hatte.

Als ich Kind war …

gab es keine Trauer.
Ich war heiter, lustig, frech, verrückt, mutig,
freundlich, immer gut gelaunt.
Zusammenreißen.
Wegschauen.
Quatsch machen.
Zähne zusammenbeißen.
Lachen.
Trauer runterschlucken.
Das fröhliche Kind sein.
Tief durchatmen.
Nur das Schöne sehen.

Es gibt keinen Grund zur Trauer.
Dankbar sein.
Lachen.
Immer nur lachen.
In Afrika verhungern die Kinder.
Tür zu.
Abschließen.
Unter die Bettdecke.
Unsichtbar werden.
Die Tränen geheim.
Aufgeschlagene Knie.
Ohrenschmerzen.

Bauchweh.
Mandelentzündung.
Wieder eine schlechte Note.
Kopfschütteln der Lehrer.
Das Kind ist dumm.
Der, den ich liebe, liebt eine andere.
Keinen Fußball zum Geburtstag.
Keine Lederhose.
Keinen Matrosenanzug.
Es gab keine Geschenke zum Geburtstag.
Niemals gab es die.
Auch zu Weihnachten nicht.
Alles überflüssig, fanden meine Eltern.
Wenn das Kind etwas braucht,
bekommt es das.
Sie entschieden, was gebraucht wurde.
Ein Matrosenanzug gehörte nicht dazu.
Der Platz unter dem Weihnachtsbaum war
immer leer.
Da stand die Krippe.
Da lag das Jesuskind.
Es gab Maria und Josef, die Hirten, Ochs und
Esel, ein paar Schafe.
Das Wichtigste eben.
Für sie.
Für meine Eltern.
Aber ich war ein Kind.
Mit dem Trost der Bettdecke über dem Kopf.

Als ich Kind war ...

da war rauchen was ganz Normales.
Überhaupt nichts Schlimmes.
Es war wie essen und trinken.
Ungesund? Tödlich?
Damals war rauchen wohl gesund.
Überall wurde geraucht.
Auf der Straße.
Im Zug.
In der Kneipe.
Auf dem Schulhof.
In Lehrerzimmern.
An Haltestellen.
Im Kino.
Auf dem Fußballplatz.
In Wohnzimmern.
Und Küchen.
In den Schlafzimmern auch.
Es gab Zigaretten.
Mit und ohne Filter.
Es gab dicke Zigarren.
Es gab Pfeifen.
Alles roch immer irgendwie nach Rauch.
Aber das störte niemanden.
Das gehörte zum Leben.
Wie Kaffee, Tee, Milch, Wasser, Wein und Bier.

Die Gardinen waren gelb vom Qualm.
Aber auch das war normal.
Mit 14 fingen viele mit dem Rauchen an.
Kinder rauchten nicht.
Aber mit neun oder zehn fanden die Jungs es cool zu rauchen.
Es war in diesem Alter noch streng verboten.
Das erhöhte den Reiz.
Nur die Mutigen probierten es aus.
Ganz geheim.
Am liebsten im Wald.
Die Zigaretten klauten sie von Vätern oder älteren Brüdern.
Mädchen rauchten nicht.
Aber ich wurde eingeladen.
In diesen exklusiven geheimen Raucherclub.
Von Fritz, Max, Ulli und Klaus.
Das war eine Ehre.
Cool sein wollte ich nicht.
Aber ich war neugierig.
Unbekannte Sachen probierte ich einfach gerne aus.
Und ich liebte das Verbotene.
Im Wald dann die erste Zigarette.
Spendiert von Fritz.
‚Eckstein' ... eine angesagte Marke.
Ich nahm einen tiefen Zug.
Musste husten und würgen.
Mir wurde schwindlig.
„Dann probier die ‚Juno'!", sagte Fritz.

„Die ist nicht so stark!“
Nein, so schnell wollte ich nicht aufgeben.
Also versuchte ich die ‚Juno‘.
Ein tiefer Zug.
Mir wurde schlecht.
Ich spuckte auf den Boden.
Der ekelige Geschmack blieb.
Zum Glück fand ich einen Kaugummi.
Nie wieder Zigaretten.
Dann fünf Jahre später.
Eisdiele Venezia.
Kaffee und eine ‚Gauloise‘!
Die angesagte Zigarette aus Frankreich.
Ohne Filter.
Ein Gefühl von Freiheit!
Die große weite Welt lockte.
Sie stand mir offen.
Die Kindheit war vorbei.
Auf den Zigarettenschachteln damals keine schockierenden Bilder.
Kein „Rauchen ist tödlich!“
Damals war rauchen noch gesund!

Als ich Kind war ...

bestand die Welt für mich aus wunderbaren
Düften.
Meine Nase konnte nicht genug bekommen.
Sie saugte alles auf, was sie kriegen konnte.
Im Sommer die Sonnencreme von ‚Delial'.
Die salzige Seeluft am Strand.
Erdbeeren und Pfirsiche aus dem Garten.
Die Heuwiesen rund um den Bauernhof.
Die Blumen und Kräuter.
Das Zerreiben der Blüten und Blätter.
Im Badezimmer der Schaum von Badezusätzen.
Rosmarin, Lavendel und Fichtennadel.
Das Rosenwasser und die Rosenseife der Mutter.
In der Kirche der Duft aus dem Weihrauchfass.
Bei meinem Opa der Geruch von Tabak.
Seine Pfeife und seine Zigarren.
Die alten staubigen Bücher von meinem Vater.
Zu Weihnachten der Geruch von frisch
gefallenem Schnee.
Der Duft des Orients aus den Räuchermännchen.
Die Bienenwachskerzen.
Angezündete Tannenzweige.
Gänsebraten.
Entenbraten.
Das knisternde Feuer im Ofen.

Aus der Backstube Vanille, Zimt, Anis und Nelkenduft.
Und überhaupt.
Alles, was die Küche produzierte, war das Paradies.
Zuerst für die Nase.
Dann als Verheißung.
Für Gaumen und Magen.
Sonntagsbraten.
Sauerbraten.
Gulasch.
Kohlrouladen.
Reibeplätzchen.
Pommes, selbstgemacht.
Bratwurst.
Bratkartoffeln.
Der Duft von Curry in der Reispfanne.
Betörend fast.
Am Nachmittag der Bienenstich.
Waffeln mit Sauerkirschen.
Pflaumenkuchen.
Die Krönung Stachelbeere mit Baiser.
Dazu Kaffee und Kakao.
Das waren die Düfte aus dem Schlaraffenland.
Aber es gab auch die anderen.
Die aus der Hölle.
Davon drehte sich der Magen.
Davon wurde mir speiübel.
Also Nase zu halten.

Die Mischung aus Pfefferminztee und
Bohnerwachs.
Gechlortes Wasser im Schwimmbad.
Autoabgase.
Angebrannte Milch.
Aus der Kneipe der abgestandene Mief von
Rauch und Bier.
Aus alten Kellerräumen der faulige, feuchte
Gestank.
Mit der Frage, was moderte da vor sich hin?
Tote Tiere oder Schlimmeres?
In ungelüfteten Treppenhäusern die Mischung
aus Kohl und verdreckten Toiletten.
Ekelig!
Der beste Duft aber war die frisch gebadete
Babyhaut vom Bruder meiner Freundin.
Der kleine Franz roch einfach wunderbar.
Wie aus einer anderen Welt.
Mit einem Hauch von ‚Nivea' und ‚Penaten'.
Unvergesslich.
Der beste Duft!

Als ich Kind war …

ging man regelmäßig auf den Friedhof.
Man besuchte die Verstorbenen.
An ihrem Geburtstag zum Beispiel.
Aber auch zwischendurch.
Man brachte ihnen Blumen.
Man pflegte das Grab.
Machte es schön.
Zündete Kerzen an
Dachte an die Toten.
Betete für sie.
Damit sie es gut hatten im Himmel.
Oder?
Ich ging eigentlich gerne auf den Friedhof.
Es gab dort immer was zu tun.
Laub fegen.
Pflanzen zurückschneiden.
Frische Blumen pflanzen.
Den schwarzen Grabstein blank putzen.
Bis er glänzte.
Und dann Kerzen anzünden.
Das war das Beste.
Die meisten, die da lagen, kannte ich nicht.
Die waren schon lange tot.
Zerfielen langsam zu Staub.
Diesen Gedanken fand ich gruselig.

So gruselig, dass ich dann immer schnell wegwollte.
Nein, ich wollte niemals sterben.
Niemals hier liegen und zu Staub zerfallen.
Ich wollte ewig leben.
Vielleicht würde mir das ja passieren?
Nein, ich ging nicht wirklich gerne auf den Friedhof.
Die Angst vor dem Tod saß mir immer im Nacken.
Bis zu dem Tag, der alles veränderte.
Und ich nichts schöner fand, als auf den Friedhof zu gehen.
Mir fiel nämlich auf, dass es Gräber gab, die niemand besuchte.
Gräber, auf denen das Unkraut wucherte.
Gräber ohne Blumen.
Ohne Kerzen.
Die Inschrift der Grabsteine nicht zu entziffern.
Weil die Buchstaben mit Moos zugewachsen waren.
Diese Gräber sahen sehr traurig aus.
So traurig, dass auch ich traurig wurde.
Ich konnte nicht ertragen, dass die Toten so vergessen waren.
Niemand sie besuchte.
Und dann kam sie: die super Idee!
Und blies die Trauer weg.
Mein Glück war wieder da.
Ab sofort ging ich heimlich zum Friedhof.

In meinem Rucksack eine Schaufel, eine Harke, eine Gießkanne.
Mein Handwerkszeug aus dem Sandkasten.
Dazu Schere, Bürste und Schwamm aus der Küche.
Dann legte ich los.
Nummer eins war ein einsames Grab unter einer alten Birke.
Ich nannte es Birkengrab.
Ich fegte Laub.
Ich schnitt vertrocknete Blumen ab.
Zog Unkraut aus der Erde.
Harkte den Boden.
Bearbeitete den Grabstein, bis die Buchstaben zu lesen waren.
Superschön war das Grab jetzt.
Aber es fehlte was.
Und das suchte ich mir zusammen.
Stiefmütterchen und Primeln.
Vergissmeinnicht und Tulpen.
Es gab Gräber, da gab es viel zu viel von allem.
Also buddelte ich überall was aus.
Und pflanzte es in meinem Birkengrab wieder ein.
Toll sah es jetzt aus.
Es fehlten nur noch die Kerzen.
Aber die würde ich schon irgendwo finden.

Als ich Kind war …

gab es zweimal im Jahr Zeugnisse.
Als guter Schüler war das super.
Man wurde gelobt.
Bekam vielleicht Geschenke.
Als schlechter Schüler waren Zeugnisse die Hölle.
Man wurde ausgeschimpft.
Bekam vielleicht Prügel.
Ich war eher mittelmäßig.
Nicht toll, fand ich.
Ich bekam weder das eine noch das andere.
Ich musste besser werden.
Aber wie sollte ich das schaffen?
Ich hätte meinem Vater gerne ein super Zeugnis abgeliefert …
Habe mich immer ziemlich geschämt für das Mittelmaß.
Manchmal abgerutscht ins Mangelhafte.
Mein Trost die Eins in Sport.
Die gabs zum Glück immer.
Und die Sätze meines Vaters:
„Du bist intelligent!
Das haben deine Lehrer nur noch nicht gemerkt!“
Ja, das tat gut!
Aber gute Noten wären besser gewesen!

Als ich Kind war …

war meine große Leidenschaft der Sport.
Bewegung, Bewegung, Bewegung!
Immer und überall.
Und egal was.
Aber vor allem laufen, rennen, springen.
Mit und ohne Ball.
Hauptsache schnell.
Anstrengen bis zum Umfallen.
Und dann weiter.
Ja, ich hätte den ganzen Tag rennen können.
Aber mein Alltag bestand dann doch aus Sitzen.
Stillsitzen.
Der Horror.
Zwei Stunden Sport in der Woche.
Viel zu wenig.
Aber immerhin.
Und egal was.
Kasten, Barren, Pferd.
Auch gut.
Aufs Seil hinauf.
Richtig toll.
Basketball.
Volleyball.
Handball.
Super.

Kugelstoßen, der Wahnsinn.
Schwimmen eher nicht.
Das Wasser zu kalt.
Turmspringen wegen Höhenangst unmöglich.
Reiten wäre auch was gewesen.
Aber weit und breit gabs kein Pferd.
Ja, Sport!
Das war Glück!

Als ich Kind war ...

zählte ich die Tage bis zu den Ferien!
Keine Schule!
Ein Traum!
Schule war Langeweile.
Zwang.
Tadel.
Strafarbeiten.
Der Horror eben.
Ich war neugierig.
Das schon.
Aber meine Neugier wurde in der Schule ausgebremst.
Ich fand alles nur öde.
Verschloss die Ohren.
Schaute aus dem Fenster.
Flog davon in andere Welten.
Beamte mich ans Meer, war unterwegs auf hohen Wellen.
Traf Wale und Pinguine.
In den Bergen warteten Steinböcke und Murmeltiere auf mich.
Wenn ich drankam, gabs eine Fünf.
War klar.
Ferien bedeutete Freiheit!
Schuhe an und raus auf die Straße.

Ohne Termine.
Ohne Kontrolle.
Einfach schauen, was es Interessantes gab.
Wer war draußen?
Mit wem konnte man spielen?
Wo gabs Abenteuer?
Es gab immer genug davon.
Am Abend müde und manchmal halb
verhungert.
Manchmal kaputte Knie und zerrissene Hosen.
Selten brach sich jemand ein Bein.
Wir plünderten Schrebergärten.
Kletterten über Mauern.
Durchsuchten Keller.
Manchmal Dachböden.
Fanden brauchbare Sachen.
Ein altes Fahrrad.
Eine Nähmaschine.
Eine Schreibmaschine.
Ziemlich kaputt das alles.
Aber wir hofften, es reparieren zu können.
Irgendwann.
Wir machten Feuer.
Metzger Meier schenkte uns Würstchen.
Wir halfen dem alten Willi bei der Kartoffelernte.
Als Belohnung gabs ein Kartoffelfeuer.
Wir passten aufs Ullis kleine Schwester auf.
Dreimal ging sie uns verloren.
Wir fütterten Freddys Pferde.
Misteten den Stall aus.

Dafür durften wir mit der alten Kutsche fahren.
Ach, Ferien waren einfach toll.
Niemand kontrollierte uns.
Wir machten einfach alles, was wir wollten.
Ohne Erlaubnis.
Alles ganz geheim.
Und meistens gefährlich.
Unsere Eltern waren froh, wenn wir am Abend nach Hause kamen.
Ohne großen Schaden.
Nur ziemlich verdreckt.
Reif für die Badewanne.
Voller Glück.
Über so viel Freiheit!
Am tollsten fanden wir unsere richtig gefährlichen Projekte!
Die nur mit Herzklopfen zu schaffen waren.
Nur mit richtig viel Mut!
Und Angst im Nacken!
Heimlich in die verlassene Ziegelei eindringen.
Im kleinen See versuchen, Fische zu fangen.
Mit dem Käscher.
Aber irgendwie waren die zu schnell für uns.
Immer wieder bauten wir ein Floß.
Aus alten Brettern.
Mit rostigen Nägeln.
Es kippte immer wieder um.
Wir fielen ins Wasser.
Ertrunken sind wir nicht.

Eine echte Mutprobe war das Balancieren auf den Bahngleisen.
Aber nur dann, wenn man den Zug schon anrollen hörte.
Im letzten Moment auf die rettende Böschung springen.
Passiert ist nie etwas.
Wir hatten Glück.
Oder einfach einen guten Schutzengel.
Es gab auch die ungefährlichen Projekte.
Auch die waren verboten.
Aber sie machten gerade deshalb wahnsinnigen Spaß.
Die Heimlichkeit war das große Abenteuer.
Und bloß nicht erwischen lassen.
Denn dann gabs Prügel.
Ullis Vater nahm den Stock.
Freddys Vater den Kochlöffel.
Ich wurde nie erwischt.
Unser Lieblingsspielplatz war die Brotfabrik meines Großvaters.
Mit unendlich vielen Gebäuden.
Und riesigem Gelände.
Mit Park und Seerosenteich.
Und Obstplantage.
Wir kletterten in Bäume.
Stopften kiloweise Kirschen, Äpfel und Birnen in uns rein.
Flogen auf der Schaukel bis in den Himmel.
Ullis und Freddys Leidenschaft aber!

Das heimliche Übernachten in der Konditorei.
Dort gab es Marzipan und Nougat im Überfluss.
Daran satt essen!
Das war für sie das Größte.
Sie wurden niemals erwischt.
Für mich war das nichts.
Ich mochte weder Marzipan noch Nougat.
Nur ein einziges Mal gab es richtig Ärger.
Eine Woche Stubenarrest.
Das war die Hölle.
Eine Woche im Haus bleiben.
Die Idee war von Anfang an ziemlich blöd.
War klar, dass es schief gehen würde.
Ich habe nur mitgemacht, weil ich kein Feigling
sein wollte.
Wer auf die saublöde Idee kam?
Fritz wahrscheinlich.
Wir schlichen in die Eierkammer.
Das war ein großer Raum.
Voll mit Eiern.
Tausende glaube ich.
Die lagerten ordentlich aufeinandergeschichtet
in Paletten.
Warteten alle darauf, verbacken zu werden.
Und dann ging die Schlacht los.
Die Eierschlacht.
Eigentlich wie eine Schneeballschlacht.
Zack an die Wand.
Immer wieder.
Peng.

Ei für Ei zack an die Wand.
Sah nicht schlecht aus.
Die glibberige Eierpampe.
Wie ein modernes Gemälde aus dem Museum.
Und peng.
Wir konnten nicht aufhören.
Es wurde zur Sucht.
Peng!
Eine Palette nach der anderen wanderte an die Wand.
Zack.
Toll war das.
Schneeballschlacht ist anstrengender.
Schnee zusammensuchen, Ball formen.
Irgendwann froren die Hände ab.
Eierschlacht war dagegen gemütlich.
Die Eier lagen griffbereit.
Zack.
Immer wieder Zack an die Wand.
Ich glaube, kein Ei wäre übrig geblieben.
Hätte nicht jemand diese wahnsinnige Schlacht gestoppt.
Es war Konditormeister Beuchel.
Der brauchte Eier für seine Buttercremetorten.
Er betrat dem Raum.
Sagte kein Wort.
Schaute uns nur an.
Wir beendeten die Schlacht.
Sofort.
Und hauten ab.

Wenn es nur ein paar Eier gewesen wären?
Er hätte uns bestimmt nicht verraten.
Aber der Schaden war groß.
Zu groß.
Es mussten schnell neue Eier gekauft werden.
Sonst hätte mein Großvater die Fabrik und seine Läden schließen müssen.
Wir bekamen richtig Ärger.
Großen Ärger.
Und Stubenarrest.
An die Eier haben wir uns nie wieder getraut.
Wir haben auf den Winter gewartet.
Auf die Schlacht im Schnee.

Als ich Kind war ...

gab es fast nichts Schlimmeres als Hausaufgaben.
Es gab immer zu viel davon.
Die Nachmittage waren versaut.
„Kommst du raus?“
Immer klingelte jemand an der Haustür.
Wollte mich zum Spielen holen.
Ich musste drinbleiben.
Hausaufgaben machen.
Schreiben. Rechnen. Lesen.
Es war so mühsam.
Das alles.
Es flog mir einfach nicht zu.
Stundenlang saß ich vor meinen Heften.
Und wünschte mich raus.
Ich konnte mich nicht konzentrieren.
Weil ich ja raus wollte.
Mit dem Roller.
Den Rollschuhen.
Dem Fahrrad.
Die Gegend unsicher machen!
Das war meine Lieblingsbeschäftigung.
Mit zehn Jahren kam ich ins Internat.
Ab sofort eingesperrt hinter Klostermauern.
Und die waren hoch.
Niemand schaffte es, drüber zu klettern.

Niemand außer mir.
Seit ich das entdeckt hatte, ertrug ich das Gefängnis leicht.
Wenn ich wollte, konnte ich jederzeit verschwinden.
Ab in die Freiheit.
Heimlich zum Bäcker.
Heimlich ins Kino.
Heimlich in den Wald.
Nur nicht erwischen lassen.
Die Zeit für Hausaufgaben war von Drei bis Sieben.
Das hieß auf seinem Platz sitzen.
Vier lange Stunden lang.
Arbeiten.
In absoluter Stille.
Ohne zu reden.
Nur atmen war erlaubt.
Silentium hieß das.
Rausgehen war verboten.
Für mich war stillsitzen immer schon der Horror.
Ständig wurde mit mir rumgemeckert.
Weil ich zu unruhig war.
Aber ich rettete mich selbst.
Mein Glück waren die Gedichte.
Fast jeden Tag mussten wir eins auswendig lernen.
Meistens von Schiller und Goethe.
Ich bekam die Erlaubnis, draußen im Park zu lernen.

Seitdem liebe ich Gedichte.
Ich konnte nicht genug davon bekommen.
Ab sofort jeden Tag in den Park.
Stundenlang herumlaufen.
Ein Gedicht nach dem anderen auswendig
lernen.
Das war toll.
Und die anderen Hausaufgaben?
Die für Englisch, Französisch, Latein und Mathe?
Bea, die Hochbegabte, verkaufte mir ihre Hefte.
Sie war eine Klasse über mir.
Sie hatte eine super Schrift.
Machte keine Fehler.
Schrieb immer nur Einsen.
Ich investierte pro Heft 50 Pfennig.
Und schrieb einfach immer alles ab.
Dann wechselte ich die Schule.
Ich hatte schlechte Noten.
Die Lehrer mochten mich nicht.
Mein Vater schickte mich auf die Nordseeinsel
Juist.
Ab sofort war ich im Paradies.
In meiner Klasse gab es nur 4 Schüler.
Meine Lehrer waren toll.
Freundlich, humorvoll, geduldig.
Ich konnte mich nicht mehr verstecken.
Meine Sätze „Ich kann das nicht!“
„Ich weiß das nicht!“, kamen nicht an.
Meine neuen Lehrer ließen diese Sätze nicht zu.
Sie glaubten sie nicht.

Sie glaubten an mich.
Das hat mich beflügelt.
Ab sofort liebte ich es, Hausaufgaben zu machen.
Ich machte sie gerne.
Ich machte sie ordentlich.
Und ich machte sie ganz alleine.
Lernen machte Spaß.
Und meine Neugier war grenzenlos.

Als ich Kind war …

wartete ich auf Weihnachten.
Immer.
Das ganze Jahr lang.
Vor Weihnachten ganz besonders.
Aber auch nach Weihnachten.
Auf das neue Weihnachten.
Weihnachten … das war Hoffnung auf Geschenke.
Ich wusste, normalerweise war das so.
Das Christkind brachte das, was man sich wünschte.
Nicht immer alles, aber doch einiges.
Bei meinen Freunden funktionierte das.
Nur bei mir nicht.
Keine Ahnung, was ich falsch machte.
Ja, okay, ich war nicht das liebe brave Mädchen.
Ich war zu wild und wenig angepasst.
Einen Fußball.
Eine Lederhose.
Ein Segelschiff aus Holz mit Segeln.
Einen Matrosenanzug.
Mehr wünschte ich mir nie.
Aber das Christkind schaffte es nicht.
Ich bekam kluge Bücher.
Mehr nicht.

Trotzdem gab ich die Hoffnung niemals auf.
Meine Freude auf Weihnachten war groß.
Vier Wochen lang wurde das Wohnzimmer abgeschlossen.
Warum?
Das Christkind hat darin zu tun, sagten meine Eltern.
Ja, vielleicht baute es gerade meine Geschenke auf ...
Im Haus duftete es nach Vanille und Zimt.
Es wurde jeden Tag gebacken.
Plätzchen, Stollen, Früchtebrot.
Es wurden Weihnachtsgeschichten vorgelesen.
Weihnachtslieder gesungen.
Ich konnte es kaum noch erwarten.
Hektisches Treiben überall.
Menschen kauften ein.
Viel mehr als sonst.
Lichter und Kerzen brannten.
Aus dem Radio dudelte Weihnachtsmusik.
Schön war das.
Und dann war es so weit!
Der Heilige Abend war da.
Die Glocke klingelte.
Das Weihnachtszimmer wurde aufgeschlossen.
Mir war schlecht vor Aufregung.
Jetzt würde es passieren!
Das Christkind konnte mich nicht schon wieder vergessen haben!
Aus dem Radio ‚Stille Nacht!'

Die Kerzen aus Bienenwachs dufteten.
Überall standen sie in silbernen Leuchtern.
Hunderttausend goldene Engel schwebten im Raum.
Der Weihnachtsbaum ein Kunstwerk aus silbernen Lamettafäden.
Und weißem Engelshaar.
Dicke silberne Kugeln.
Auf der Spitze ein großer goldener Stern.
Darunter die Krippe.
Aus Holz geschnitzt.
Ochs und Esel hatte ich besonders gern.
Und natürlich das nackte Jesuskind in der Krippe.
Das deckte ich jedes Mal mit meinem Handschuh zu.
Traumschön das alles.
Der Tisch festlich gedeckt.
Festlicher als sonst.
Auch hier unzählige Kerzen.
Schmuck aus Tannengrün.
Fein geschnitzte Engel aus Holz.
Ein Nussknacker.
Ein Räuchermännchen mit Weihrauchduft.
Schön.
Und jetzt, mein Blick unter den Weihnachtsbaum ...
Ja, der war wie ein Schlag in die Magengrube.
Mal wieder Bücher.
Und sonst?
Sonst nichts.

Ich verließ das Weihnachtszimmer.
Verkroch mich unter die Bettdecke.
Und konnte sie einfach nicht stoppen.
Die Tränen, die ins Kopfkissen tropften.
Aber irgendwann war der Tränentank leer.
Zurück ins Weihnachtszimmer.
Zum leckeren Weihnachtsessen.
Königinpastete und Krabbensalat.
Danach in die Kirche.
Alles hell, alles schön, alles feierlich.
Ich liebte die Orgelmusik.
Und den Weihrauchduft.
Ich spendete meine einzigen Groschen für arme Kinder in Afrika.
Die Weihnachtstage vergingen wie im Flug.
Immer gabs Besuch.
Immer war was los.
Cousin Fritz teilte mit mir seine Geschenke.
Spielte mit mir Fußball, lieh mir seine Lederhose.
Ich durfte mit seiner Eisenbahn fahren.
Seine Comics ausleihen.
Ich hoffte aufs neue Weihnachten.
Im nächsten Jahr würde mein Wunschzettel anders aussehen.
Mit allerbester Schönschrift geschrieben.
Genau, das wars nämlich.
Das Christkind hat meine Schrift nicht lesen können!

Als ich Kind war ...

musste ich nach Weihnachten mit den Eltern
zum Skilaufen.
Jedes Jahr war das so.
Meine Eltern waren megasportlich.
Meine Eltern liebten Skifahren.
Ich musste es lernen.
Da war ich Vier.
Die Skier waren schwer.
Die Schuhe auch.
Der Schnee war kalt.
Hände und Füße wurden schnell zu Eisklumpen.
Der Skilift war tabu.
Unsportlich, fanden meine Eltern.
Ich quälte mich den Berg hoch.
Es war der Horror.
Ich war zu schwach.
Die Skier waren zu schwer.
Der Berg war zu hoch
Die Piste war zu glatt.
Ich rutsche immer wieder runter.
Es war die Hölle.
Ich strengte mich an.
Meinen Eltern zuliebe.
Sie sollten stolz auf mich sein.
Aber es war hart.

Ich weiß nicht mehr, wie ich es endlich gelernt habe.
Das Skilaufen.
In meiner Erinnerung ist nur die furchtbare Kälte.
Die Anstrengung.
Nicht das Glück der Abfahrt.
Das Beste am Skiurlaub war der Abend im Hotel.
Dort war es warm.
Und sehr gemütlich.
Ich saß vor dem knisternden Kaminfeuer.
Neben mir lag Ronni, der wuschelige Hütehund.
Ich kraulte sein Fell.
So saßen wir Stunden.
Und waren glücklich.

Als ich Kind war ...

war ich jeden Sommer auf der Insel.
Es war eine Nordseeinsel.
Jedes Jahr die gleiche.
Andere Menschen flogen nach Mallorca.
Da war es heiß.
Das hätte ich toll gefunden.
Aber meine Eltern waren Gesundheitsfanatiker.
Bewegung an der frischen Seeluft.
Stundenlange Wanderungen am Wasser entlang.
Das tägliche Bad im eiskalten Meerwasser.
Das Sportprogramm am Strand.
Das waren ideale Ferien.
Im Liegestuhl in der Sonne braten?
Für meine Eltern unvorstellbar.
Im Strandkorb Bücher lesen.
Das gehörte zum Programm.
Also durchhalten.
An die Kälte gewöhnen.
Und abhärten.
Ja, und irgendwann fand ich es gut.
Ins eiskalte Meer springen.
Gänsehaut, blaue Lippen?
Kein Problem.
Abhärten war ab sofort auch mein Programm.
Ich war stolz auf mich.

Sogar bei Regen und Sturm ab in die Wellen.
Dann, wenn niemand außer mir sich traute.
Es war unheimlich.
Aber auch schön.
Angst runterschlucken.
Zähne zusammenbeißen.
In die Fluten stürzen.
Anschließend heißer Kakao.
Es gab nichts Besseres.
Doch, den Burgenwettbewerb.
Ich wollte den ersten Preis.
Unbedingt.
Ich war tagelang beschäftigt.
Mit dem Spaten in der Hand.
Erst einen Burgwall aufschütten.
Diesen dann mit Muscheln und Strandgut verzieren.
Immer wieder mit der Gießkanne befeuchten.
Und dann hoffen.
Auf den ersten Preis.
Das war ein Fotoapparat.
Ein echter.
Einer für Profis.
Ich kannte niemanden, der einen besaß.
Und ich wollte ihn unbedingt!
Aber ob mein Burgprojekt gut genug war?
Die Konkurrenz war groß.
Am Strand standen unzählige tolle Skulpturen aus Sand.
Superschön verzierte Burgwälle.

Die Jury bestand aus vier Personen.
Sie schauten ernst.
Machten sich Notizen.
Mir schickten sie ein Lächeln.
Ich war die jüngste Teilnehmerin.
Dann die feierliche Preisverleihung im Kurhaus.
Viel zu aufregend für mich.
Übelkeit, Bauchweh ... da half Pfefferminztee.
Und dann wars so weit.
Mein Name wurde aufgerufen.
Mir wurde schwindelig.
Mit wackeligen Knien schleppte ich mich aufs Podium.
Und dann hielt ich tatsächlich die Kamera in den Händen.
Der Wahnsinn!
Ab sofort wollte ich nur noch auf meine Insel.
Was hätte ich auf Mallorca machen können?

Als ich Kind war …

war das Kaffeehaus mein Lieblingsort.
Ich begleitete meine Mutter jeden Mittwoch.
Zum Treffen mit ihren Freundinnen.
Die mochte ich tausendmal lieber als meine richtigen Tanten.
Sie waren lustig, schräg, verrückt.
Ihre Hüte waren richtige Kunstwerke.
Riesig groß.
Mit bunten Schleifen und Federn.
Ihr Schmuck war zentnerschwer.
Ketten, Ringe, Armbänder.
Alles echtes Gold.
Im Ohr steckten dicke Perlen.
Um den Hals hingen leuchtende Perlenketten.
Strahlend weiß.
Lippenstift trugen alle.
Faszinierend rot.
Meine Mutter trug niemals Schmuck.
Schminkte sich nie.
Benutzte auch kein Parfum.
Wie sie dufteten, diese Tanten!
Lavendel, Rose, Vanille.
Alles war dabei.
Meine Nase konnte nicht genug kriegen.
Sie mochten mich.

Meckerten nie.
Machten Späße.
Strichen mir über den Kopf.
Blinzelten mir zu.
Lachten immer.
Zum Abschied schenkten sie mir köstliche Schokoriegel.
Sie aßen dicke Sahnetorten.
Jede mindestens zwei Stück.
Diesen Anblick ertrug ich kaum.
Ich mochte keinen Kuchen.
Bis heute nicht.
Ich bestellte jedes Mal ein Wurstbrötchen aus Blätterteig.
Würzig, salzig.
Ein Wahnsinngeschmack.
Ich habe ihn immer noch auf der Zunge.

Als ich zehn war, kam ich ins Internat.
Es war erstmal Schluss mit Kaffeehäusern.
Aber dann.
Ich war vielleicht vierzehn, da entdeckte ich ein Café.
In der Kleinstadt, in dem das Internat war.
Direkt am Marktplatz.
Ich war mal wieder abgehauen.
Über die Klostermauer geklettert.
Hatte Hunger und wollte beim Bäcker ein Brötchen kaufen.
Das Wasser lief mir schon im Munde zusammen.

So freute ich mich.
Auf ein frisches knackiges Brötchen.
Dann sah ich das Café.
Und meine guten Erinnerungen waren sofort wieder da.
Die Kaffeehausbesuche mit Tante Käthe und Tante Hilde.
Ob es hier auch Wurstbrötchen in Blätterteig gab?
Ich las das Speisenangebot im Aushang.
Leider nein.
Aber es gab Gulaschsuppe.
Der Preis bezahlbar.
Mit Brötchen 1,30 DM.
Ich zählte mein Geld.
Es würde reichen.
Ich bekam zwar kein Taschengeld.
Aber mich rettete eine geniale Idee.
Und die würde mich reich machen.
Ab sofort würde ich alles Überflüssige verkaufen.
Beate brauchte einen Füller.
Ihrer war kaputt.
Ich verkaufte ihr meinen Ersatzfüller.
Und damit fing mein Geschäft an.
Ich verkaufte drei Bleistifte.
Zwei Radiergummis.
Eine Tube Schuhcreme.
Ein Stück Rosenseife.
Eine Dose ‚Nivea Creme'.
Zehn Briefmarken.

In meinem Portemonnaie lagen nun neun Mark.
Ich war reich.
Ab sofort würde ich niemals mehr hungern.
Immer wenn ich wollte, könnte ich über die Mauer klettern.
Brötchen kaufen.
Oder ins Kaffeehaus gehen!
Ganz heimlich.
Gabs ein größeres Glück?
Für mich damals nicht!
Und ich werde diesen Moment niemals vergessen.
Ich sitze allein im Café.
Fühl mich nicht mehr wie ein Kind.
Bestelle eine Gulaschsuppe.
Ich werde bedient wie die alten Damen an den Nebentischen.
Bestelle anschließend einen Kaffee.
So fühlte sich Freiheit an.
Ein Jahr später nach der Gulaschsuppe einen Cocktail.
Mit Alkohol.
Der Kellner brachte auch das.
Als wär ich mindestens zwanzig.
Und so fühlte ich mich auch.
Mindestens zwanzig.
Ein tolles Gefühl!

Als ich Kind war ....

hatte ich große Probleme mit Anziehsachen.
Das Wort Klamotten kannte ich nicht.
Die Dinge wurden beim Namen genannt.
Mütze, Schal, Schuhe, Kleider und so weiter.
Meine Lieblingsfarbe war blau.
Die Sachen für den Winter waren aus Wolle.
Pullover, Socken, Handschuhe, Schal und Mütze.
Sie kratzten fürchterlich.
Schuhe aus Leder waren zu hart.
Skischuhe waren zu schwer.
Röcke und Kleider fand ich doof.
Hosen waren verboten.
Mäntel waren unbequem.
Fast alles wurde von der Schneiderin genäht.
Musste mehrmals anprobiert werden.
Stillstehen!
Unerträglich für mich.
Ich habe mir immer eine Lederhose gewünscht.
So wie die Jungs sie damals trugen.
Und einen Matrosenanzug.
Wie die Trappfamilie.
Beides blieben Wünsche.
Ich liebte meinen Anorak.
Und den Trainingsanzug.
Den hat mein Opa mir genäht.

Der war Schneider.
Vor allem liebte ich die kurzen Hosen im Sommer.
Dazu Sandalen und Turnschuhe.
Das war Freiheit!
Die Kleidung für den Sonntag war besonders schlimm.
Kleider aus Samt.
Die Strümpfe weiß.
Die Schuhe aus Lack in schwarz.
Alles schrecklich unbequem.
Aber diese Zeiten waren irgendwann vorbei.
Als ich kein Kind mehr war.
Danach nur noch Trainingsanzüge.
Turnschuhe.
Latzhosen.
Kapuzenpullis.
In der Lieblingsfarbe schwarz.
Ein Traum.

Als ich Kind war ...

besaß ich eine Menge Spielsachen.
Die Kinder in meinem Viertel hatten das alles nicht.
Es gab eine Puppe mit Puppenwagen.
Einen Teddy mit abgeschabtem Fell.
Einen grünen Roller.
Ein blaues Fahrrad.
Eine Spielesammlung.
Einen roten Ball.
Vier Kasperlepuppen (Hänsel, Gretel und eine Hexe, ja und den Kasper).
Eine Schultafel mit Kreidekasten.
Rollschuhe mit Eisenrollen (die waren besonders laut).
Einen Kaufladen.
Den ich immer füllte mit allem, was ich fand.
Mit Backoblaten.
Mit Nüssen.
Mit Erbsen und Reis.
Mit Zucker und Salz.
Mit Kakao und Kaffee.
Mit Kastanien und Eicheln.
Das Geld für die Kasse bastelte ich aus Papier.
Der Kaufladen war mein Lieblingsspielzeug.
Die Tafel erinnerte mich zu sehr an Schule.

Die mochte ich weniger.
Gewünscht habe ich mir immer wieder das Segelschiff.

Als ich Kind war …

gab es jemanden, vor dem ich mich fürchtete.
Das war der liebe Gott.
Der liebe Gott sieht alles.
Das war der Satz, der mich begleitete.
Es war das Auge Gottes, das alles beobachtete.
Alles was ich tat.
Und sogar alles, was ich dachte.
Und es war der liebe Gott, der darüber urteilte.
Man musste gut sein.
Durfte nicht lügen, nicht stehlen.
Keine Widerworte geben.
Immer gehorsam sein.
Das war schwer.
Und man konnte es einfach nicht schaffen.
Immer nur gut sein, das ging nicht.
Also hatte ich Angst vor dem Auge Gottes.
Als ich Kind war, hing es überall.
In gerahmten Bildern.
Im Kindergarten.
In Kinderzimmern.
Ein Bild mit einem riesigen Auge.
Völlig klar, dass diesem Auge nichts entging.
Warum dieser Gott lieb war, das wusste ich nicht.
Aber alle Gebete begannen mit
‚Lieber Gott!"

Lieber Gott, ich danke dir!
Lieber Gott, ich bitte dich!
Lieber Gott, hilf mir!
Lieber Gott mach, dass ich in den Himmel komm!
Ja, nur wer gut war, kam in den Himmel.
Die anderen kamen in die Hölle.
Verbrannten im Feuer.
Ich hatte keine Chance auf den Himmel.
Ich war nicht gut genug.
Das war schrecklich.
Nicht auszuhalten.
Aber ich strengte mich an.
Ob es ausreichen würde?
Gebetet habe ich immer.
Am Abend gedankt für den guten Tag.
Ja, auch dann, wenn er nicht gut war.
Am Morgen gebetet für einen guten neuen Tag.
Lieber Gott, hilf mir, dass ich keine Strafen bekomme!
Lieber Gott, hilf mir, dass ich keine Fünf schreibe!
Mein Gott war nicht lieb zu mir.
Bei den Zensuren hat er mir nicht geholfen.
Bestraft wurde ich immer.
Ich zerbrach mir den Kopf.
Wie konnte ein Gott, der lieb war, das zulassen?
Wie konnte er mitansehen, wie unglücklich ich war?
Wie traurig?
Wie verzweifelt?
Ich gab die Hoffnung nicht auf.

Ich glaubte an den lieben Gott.
Eines Tages würde er auch mir helfen.
Nicht heute, nicht morgen ... aber irgendwann.
Ich glaubte an seine Gerechtigkeit.
Eines Tages würde der liebe Gott auch gut zu mir sein!
Mir helfen ... mich unterstützen.
Irgendwann ... später ...
Dann wenn ich es nicht erwarten würde.
Und sollte es den Himmel geben, dann hätte ich dort einen Fensterplatz!
Da war ich mir sicher.

Als ich Kind war ...

war es wichtig, Freunde zu haben.
Keine Freunde, das ging nicht.
Man war Außenseiter.
Und nicht beliebt.
Beliebt sein, war was Schönes.
Man war nicht allein.
Man wurde gemocht.
Respektiert.
Geschätzt für das, was man konnte.
Als ich Kind war, war es wichtig, mutig zu sein.
Abenteuerlustig. Draufgängerisch. Sportlich.
Das waren die Beliebtesten.
Vor allem die Jungen.
Fritz war so ein Typ.
Die Mädchen waren anders.
Die waren selten draußen.
Was sie wohl machten?
Mit Puppen spielen?
Malen, basteln?
Ich weiß es nicht.
Ich hatte keine Freundinnen.
Ich war immer draußen.
Dort, wo die Jungs waren.
Es gab Kinder, die hatten keine Freunde.
Die waren allein.

Die brauchten niemanden.
Unglücklich waren die nicht.
Nur anders.
Man nannte sie Einzelgänger.
Manche hatten viele Geschwister.
Freunde waren da überflüssig.
Ich war Einzelkind.
Wenn es irgendwie ging, war ich unterwegs.
Mit dem Fahrrad.
Dem Roller.
Den Rollschuhen.
Allein, oder mit denen, die gerade draußen waren.
Aber Freunde?
Es waren eher Kumpels.
Man unternahm was zusammen.
Spielte, tobte, machte Verbotenes.
Man traf sich sogar regelmäßig.
Echte Freunde waren das nicht.
Man konnte sich nicht auf sie verlassen.
„Nein, heute darfst du nicht mitspielen!"
„Heute spiel ich nur mit Max!"
„Dich können wir nicht gebrauchen!"
„Nur wenn du uns 10 Brötchen besorgst!"
„Nur wenn du mithilfst, den Paul zu ärgern!"
„Nur wenn du uns Marzipan und Nougat organisierst!"
„Nur wenn du Erdbeeren aus Müllers Garten klaust!"
„Nur wenn du einen Regenwurm verschluckst!"

Solche Sätze taten weh.
Freundschaft war an Bedingungen geknüpft.
Immer.
Das war anstrengend.
Nein, ich hatte keine echten Freunde.
Ein echter Freund wäre treu.
Er wäre da.
Auch in schlechten Zeiten.
Lief nicht weg, wenn es brenzlich wurde.
Ein echter Freund würde bleiben.
Wenn man ihn brauchte.
Er würde helfen.
Trösten.
Er stellte keine Bedingungen,
Aber solche Freundschaften kannte ich nicht.
Echte Freunde würden da sein.
Für immer und ewig.
Oder wenigstens eine Zeit lang.
So stellte ich mir das vor.
Aber sowas gabs nur im Märchen.
Oder in Geschichten.
Nicht im echten Leben.
Aber ich träumte davon.
Es müsste so sein wie im Gedicht
‚Die Bürgschaft'.
Von Friedrich Schiller.
Da ist ein Freund sogar bereit, für den anderen
zu sterben.

Maria traf ich an einem Sommertag.
Ich war auf der Straße.
In kurzer Hose und Sandalen.
Mit meinem Springseil.
Da kam mir ein Mädchen entgegen.
In frisch gebügeltem Sommerkleid.
Es war ihr Entenkleid.
Aber das erfuhr ich erst später.
Ihr absolutes Lieblingskleid.
Auf weißem Grund gabs unzählige gelbe Enten.
Mit kleinen Sonnenschirmen in rot und blau.
Sie trug weiße Socken.
Geputzte Schuhe in braun.
Aber was mich umhaute!
Sie hatte das gleiche Springseil wie ich.
„Oh!“, sagte ich.
Und blieb stehen.
Ich hatte sie noch nie gesehen.
„Wer bist du? Wo wohnst du?“
Sie war schüchtern.
Sehr leise.
Total anders als ich.
Auch ihr Aussehen.
Ihre Haare kurz und schwarz.
Meine kurz und blond.
Ihre Augen braun.
Meine blau.
Meine Hände und Knie dreckig.
Ihre total sauber.
Alles an ihr war ordentlich und gepflegt.

Kontrastprogramm.
Ich war fasziniert.
Sie wohnte um die Ecke.
Hatte schon damals sechs Geschwister.
Wie habe ich sie darum beneidet!
Von diesem Tag an sahen wir uns regelmäßig.
Sie traute sich nicht, bei uns zu klingeln.
Sie lief vor unserem Haus auf und ab.
Bis jemand sie entdeckte und sagte: „Komm doch rein!“
Mit Maria spielte ich ‚Mühle‘, ‚Mau-Mau‘, ‚Mensch ärgere Dich nicht‘!
Mit ihr spielte ich Schule.
Sie war eine gute Lehrerin.
Mit wunderbarer Schrift.
Wir liebten beide den Kaufladen.
Meine wilden Abenteuer machte ich ohne sie.
Sie war unsportlich.
Konnte keine Bälle fangen.
Ich habe viel mit ihr geübt.
Niemals aufgegeben.
Sie war vorsichtig.
In allem.
Sie wäre nie auf hohe Bäume geklettert.
Hätte nie hohe Mauern erobert.
Hätte nie etwas Verbotenes getan.
Das alles machte ich mit den Jungs.
Aber ich mochte, dass sie so ganz anders war als ich.
Und es gab genug Gemeinsamkeiten.

Der Gang in die Kirche zum Beispiel.
Jeden Sonntag in die Messe.
Auch an den Feiertagen.
Im Monat Mai jeden Tag in die Maiandacht.
Im Oktober jeden Tag in die Rosenkranzandacht.
Wir saßen gemeinsam in der vierten Reihe.
Auf der linken Seite.
Die war für Frauen reserviert.
Wir mochten diese Kirche.
Ein schöner neugotischer Raum.
Riesig groß.
Mit bunten Fenstern.
Immer brannten Kerzen.
Immer hing der betörende Weihrauchduft in der Luft.
Wir liebten vor allem die Lieder.
Begleitet von der Orgelmusik.
Die war richtig gewaltig.
Langweilig waren die Predigten.
Die verstanden wir nicht.
Wir waren froh, wenn wir wieder singen konnten.
‚Großer Gott wir loben dich!'
Das schmetterten wir lauter als alle anderen Lieder.
Und dann kam dieser besondere Tag.
Der Tag, an dem mir klar war, ich habe eine Freundin!
Als ich Kind war, gab es Rabattmarken.
Die sahen so ähnlich aus wie Briefmarken.

Bei jedem Einkauf bekam man einige.
Die klebte man ins Rabattmarkenbuch.
Es dauerte sehr lange, bis es voll war.
Aber dann war es drei Mark wert.
Normalerweise ließ meine Mutter das Geld verrechnen.
Beim nächsten Einkauf.
An diesem besonderen Tag gab sie mir das vollgeklebte Heft.
„Das gehört jetzt dir!“
Ich konnte damit machen, was ich wollte.
Der Wahnsinn!
Drei Mark.
Ich sah sie schon vor mir.
Drei silberne Münzen in meiner Hand!
Ein richtiger Schatz!
So viel Geld hatte ich noch nie.
Ich musste das Heft im Laden jetzt nur eintauschen.
Aber ich traute mich nicht.
Ich weiß nicht warum ... aber es war einfach so.
Vielleicht schämte ich mich?
Einfach das Heft auf die Theke legen.
Und Geld kassieren?
Wofür ich nichts getan hatte?
Ich fühlte mich schrecklich.
Ich schaffte es einfach nicht, den Laden zu betreten.
Stundenlang lief ich auf der Straße auf und ab.
Es ging nicht.

Dann fragte ich Maria.
Eigentlich war klar, dass sie sich nicht trauen würde.
Sie war die Schüchterne.
Ich war die Mutige.
Sie schüttelte den Kopf.
Und schaute zu Boden.
„Wenn du meine Freundin bist, dann machst du das für mich!“
Dieser Satz kam einfach so aus mir heraus.
Ich fühlte mich schäbig.
Ich war auch nicht besser als die anderen.
Mit ihren Bedingungen.
Aber ich hoffte so sehr, dass sie es täte.
Als Beweis, dass ich ihr das wert war.
Ein Opfer bringen.
Für mich.
Maria sagte nichts.
Sie ging in den Laden.
Kam zurück und legte mir drei silberne Münzen in die Hand.

Als ich Kind war ...

meldeten mich meine Eltern im Tennisclub an.
Ich weiß nicht mehr warum.
Mein Wunsch war das nicht.
Vielleicht weil sie Mitglied waren?
In ihren weißen Tennissachen sahen sie komisch aus.
Die Tennisschläger waren megaschwer.
Die weißen Tennisschuhe immer rot.
Vom eingefärbten Sand auf dem Spielfeld.
Allein dieses Outfit fand ich affig.
Warum nicht in Shorts und Sandalen spielen?
Ich wusste von Anfang an, Tennis ist nichts für mich.
Aber ich wollte es versuchen.
Meinen Eltern eine Freude machen.
Sie hatten mich ausstaffiert.
Weiße Tennisschuhe, weiße Tennissocken.
Weißer Tennisrock.
Weißes Tennishemd.
Ich fühlte mich wie verkleidet.
Alles viel zu weiß für mich.
Ein Blick von mir reichte, und die Sachen waren dreckig.
So war das bei mir.
Immer.

Ich war ein Schmuddelkind.
Meistens dreckig.
Ich fands toll.
Dann Samstag um zwölf.
Meine Eltern fuhren mich zur ersten Tennisstunde.
Der Club lag am Wald.
Der war schön.
Das Tennisgelände riesig.
Acht Plätze.
Alles rot.
Das Clubgebäude weiß gestrichen.
Die Menschen weiß gekleidet.
Die Frauen wie frisch vom Friseur.
Mit Sektglas in der Hand.
Was sollte ich hier?
Der Tennislehrer schaute streng.
Er gab mir einen Schläger.
Der war megaschwer.
Echtes Holz.
Er sagte mir, was ich machen sollte.
Den Tennisball treffen.
Aber es ging nicht.
Schläger und Ball trafen sich nie.
Meine Hand schmerzte.
Mein Arm fiel ab.
Ich strengte mich an.
Biss die Zähne zusammen.
Immer wieder versuchte ich, den verdammten Ball zu treffen.

Wir passten einfach nicht zusammen.
Der Ball, der Schläger und ich.
Der Tennislehrer schaute auf seine Uhr.
Immer wieder.
Ja, auch er sehnte wohl das Ende dieser Stunde herbei.
Er wirkte genervt.
Hatte scheinbar keine Lust, mir was beizubringen.
Ich war eben kein Naturtalent.
Da holte ich aus.
Mobilisierte meine letzte Kraft.
Warf den schweren Tennisschläger quer über das Spielfeld.
Peng!
Er landete im Netz.
Den Ball schleuderte ich gleich hinterher.
Ich war befreit!
Und dann rannte ich los.
Nix wie weg.
Raus aus dem Tennisgelände.
Ab durch den Wald.
Ein super Gefühl.
Es war, als hätte ich Flügel.
Ich rannte und rannte.
Als wär der Teufel hinter mir her.
Ich verlief mich nicht.
Zum Glück kannte ich den Weg.
Außer Atem kam ich zu Hause an.
Meine Eltern waren schon da.

Jetzt würde es Ärger geben.
Eine Woche Stubenarrest oder so.
War mir egal.
Alles besser als Tennisspielen.
Mein Vater nahm mich in den Arm.
Ich befreite mich von den weißen Tennissachen.
Nahm meinen Roller und flitzte davon.

Als ich Kind war ...

hätte ich gerne Fußball gespielt.
Die Jungs in meinem Viertel machten fast nichts anderes.
Immer hatten sie einen Fußball unterm Arm.
Trafen sich auf irgendeinem Platz.
Oder im Stadion.
Sie kickten überall.
Immer.
Und zu jeder Zeit.
Nur ich durfte nicht.
Sie ließen mich nicht.
Fußball ist nichts für Mädchen!
Das war ihr Satz.
Und der veränderte sich nicht.
Da konnte ich reden und reden.
Nichts zu machen.
Dabei war ich viel schneller als alle Jungs.
Auch Bälle fangen konnte ich viel besser.
Meine Schüsse waren knallhart.
Die landeten immer im Tor.
Einen Fußballclub für Mädchen gab es damals nicht.
Ich spielte allein.
Schoss gegen jede Mauer.
Dribbelte auf jedem Platz.

Das war dann auch okay.
Für zwischendurch.
Immer nur Fußball, das wollte ich sowieso nie.
Es gab so viel Spannendes!
Und irgendwann fand ich Fußball nur noch doof.
Hinter einem Ball herlaufen?
Wie blöd dagegentreten?
Aufs Tor schießen?
Ich beschloss:
Nie wieder Fußball!
Das ist was für Idioten.
Bis vor zehn Jahren war das so.
Dann kam eine kleiner Junge mit einem Ball.
Er warf ihn mir zu.
„Komm Oma, spiel mit mir Fußball!"
Ab sofort hatte ich einen neuen Lieblingssport.
Tor!

Als ich Kind war ...

war das Schönste für mich zu laufen.
Einfach nur laufen.
Achtung, fertig, los!
Es gab nichts Besseres.
Für diesen Sport brauchte man nichts.
Kein besonderes Outfit.
Keine Geräte.
Keine Bälle.
Kein Pferd.
Nur die Füße.
Noch nicht einmal Schuhe.
Barfuß zu laufen war sowieso das Beste.
Loslaufen.
Schneller, immer schneller ...
Bis zum Abheben.
Ja, laufen war wie fliegen.
Durch Wiesen.
Durch Wälder.
Über Straßen.
Über Wege.
Unzählige Runden auf dem Sportplatz.
Bis zum Umfallen.
Einfach nur laufen.
Das war Glück.

RADIO

Als ich Kind war …

war das Radio für mich das Tor zur Welt!
Und es war das einzige.
Es war Kino für die Ohren.
In meinem Kopf entstanden kleine fremde Welten.
In die ich eintauchte.
Meine Eltern gingen ins Theater, in die Oper.
Sie lasen Bücher und Zeitungen.
Einen Fernseher brauchten sie nicht.
Sie liebten das Radio.
Ein Gerät stand in der Küche.
Ein anderes im Wohnzimmer.
Sie hörten Sendungen zu Politik und Zeitgeschehen.
Kein Tag verging ohne Nachrichten.
Wenn ihr Radio lief, ging ich in mein Zimmer.
Meine Lieblingsendung lief am Sonntag.
Pünktlich um 14.00 Uhr.
Es war der Kinderfunk.
Und das war mein Tor zur Welt.
Das absolute Highlight der Woche.
Ich fieberte dem Sonntag entgegen.
Eine Sendung zu verpassen, ging nicht.
Das war für mich ein Absturz in tiefe Trauer.
Verlust von Abenteuer und Spannung.

Von Geschichten aus einer turbulenten Welt.
Einer Welt, die anders war als mein Alltag.
Mein Alltag erschien mir grau und farblos.
Trostlos und öde.
Der Kinderfunk dagegen war voll bunter Farben.
Voller Geschichten, die ich gerne selbst erlebt hätte.
Auch Bücher waren für mich Fundgruben aufregender Abenteuer.
Das Radio aber war viel mehr!
Allein die Erkennungsmelodie am Anfang der Sendung!
Das war wie ein Versprechen.
Jetzt gehts los!
Es gab Stimmen und Geräusche.
Die packten mich.
Zogen mich rein in ein unbekanntes Universum.
Jetzt bloß keine Störung!
Ich wollte allein sein.
Nur das Radio und ich.
Eine ganze Stunde lang.
Meine Welt!
Niemals habe ich eine Sendung abgeschaltet.
Niemals habe ich mich gelangweilt.
Immer war ich traurig, wenn mein Kinderfunk beendet war.
Es war wie ein großer Verlust.
Noch lange war ich in Gedanken bei der gerade gehörten Geschichte.
Hatte die Musik im Ohr.

Die Stimmen der Personen.
Sie waren wie gute Freunde.
Mein Trost war die Sendung am nächsten Sonntag.
Warten.
Und hoffen.
Sonntags hatten die Eltern ihre Pläne.
Machten Ausflüge.
Gingen ins Restaurant.
Meine Hoffnung war das Auto meiner Mutter.
Das hatte ein Radio.
Aber der Sonntag war durchgeplant.
Erst die Messe in der Kirche.
Dann hinaus ins Grüne.
Der elende Sonntagsspaziergang.
Das Essen im Restaurant.
Ich dachte nur an den Kinderfunk.
Wie war alles bis 14.00 Uhr zu schaffen?
Ich war aufgeregt.
Konnte nichts genießen.
Schlang das Essen herunter.
Ohne Freude.
Schaute immer nur auf die Uhr.
Um 14.00 Uhr müssten wir im Auto sitzen!
Ich war so aufgeregt.
Würden wir es rechtzeitig schaffen?
Ich wünschte es mir so sehr!
Ja, oft haben wir es geschafft.
Aber es war immer schwierig.

Meine Eltern hätten gerne einen längeren Spaziergang gemacht.
Sie hätten sich gerne mehr Zeit beim Essen gelassen.
Aber ich drängelte und quengelte.
Am liebsten hörte ich meine Sendung zu Hause.
Im Wohnzimmer.
Auf der Couch.
Ganz gemütlich.
Allein.
Meine Eltern gingen dann in den Wintergarten.
Oder im Sommer auf die Terrasse.
Mein Kinderfunk interessierte sie nicht.
Für meine Kinderwelt waren sie auch einfach viel zu alt.
Am Sonntag gabs Hörspiele.
Die mochte ich am liebsten.
Am allerliebsten Kalle Blomquist.
Das war Spannung pur.
Aber auch, wenn Eduard Marks Märchen las, war ich fasziniert.
Auf ‚Biblische Geschichten' konnte ich gut verzichten.
Davon gabs genug in der Kirche und in der Schule.
Ich liebte auch die kleinen Alltagsgeschichten aus dem Schulfunk.
Den hörte ich manchmal am Nachmittag.
‚Neues aus Waldhagen'.

Das war Klatsch und Tratsch aus einem kleinen Phantasiedorf.
Dort hätte ich gerne gelebt.
Die Geschichten waren realistisch.
Bauer Piepenbrink und Bürgermeister Kienappel waren schräge Figuren.
Solche Typen kannte ich nicht.
Waldhagen war eine überschaubare Welt.
Es gab eine Tankstelle, einen Laden, ein Postamt.
Es gab immer irgendwelche Probleme.
Aber wie im Märchen war am Ende wieder alles gut.

Als ich Kind war …

lebte ich im Paradies.
Meine Mutter war eine wunderbare Köchin.
Es gab nichts, was mir nicht schmeckte.
Hunger kannte ich nicht.
Gutes Essen war für mich das normalste von der Welt.
Jeden Tag.
Immer.
Ich wusste, dass in anderen Ländern Kinder vor Hunger starben.
Diesen Gedanken konnte ich fast nicht ertragen.
Ich sparte jeden Groschen, den ich auftreiben konnte.
Um ihn zu spenden.
War froh, dass meine Eltern regelmäßig Geld nach Afrika schickten.
Das Wort Hunger gab es für mich erst, als ich im Internat war.
Das Essen dort war widerlich.
Ich brachte keinen Bissen runter.
Fast immer hatte ich Hunger.
Aber es war kein richtiger Hunger.
Ich wäre niemals verhungert.
Es stand immer was auf dem Tisch.
Aber es war einfach zu ekelig.

Mir wurde schlecht, wenn ich es nur sah.
Die Suppe war grau wie verdrecktes Spülwasser.
Mit Fettaugen und schwimmenden Beilagen.
Undefinierbar.
Wie Schweinefraß.
Alles grau und matschig.
Das gekochte Fleisch bestand aus widerlichen Klumpen.
Mit hellen elastischen Sehnen.
Die Tomatensauce war ein grauroter Schleim.
Montags gabs muffig faulige Kartoffeln.
Dienstags zerkochte Nudeln.
Mittwochs ein Durcheinander der Reste.
Kartoffeln und Nudeln gemischt.
Am Donnerstag dann Grießbrei.
Am Freitag Milchreis.
Matschige klumpige Haufen.
Zum Kotzen.
Ich konnte das einfach nicht runterschlucken.
Ich schaffte das nicht.
Aber, was auf dem Teller lag, musste aufgegessen werden.
Ich wurde im Speisesaal eingeschlossen.
So lange, bis der Teller leer war.
Doch wohin damit?
Wenn ich Geld hatte, verkaufte ich meine Reste.
Es gab immer jemanden, der für eine Mark alles aufaß.
Aber meistens hatte ich kein Geld.
Die Lösung lag in der Blumenerde.

Zum Glück gabs auf jeder Fensterbank Töpfe mit Pflanzen.
Ich verbuddelte die Essensreste.
Mit schlechtem Gewissen.
Und großer Angst.
Was passierte jetzt mit den Pflanzen?
Bei jedem welken Blatt bekam ich Panik.
Nein, das war keine Lösung.
Die Lösung lag in den Rocktaschen.
Ab sofort landete das Essen im Marmeladenglas.
Das versteckte ich in den Rocktaschen.
Und ab damit in den Park.
Ganz heimlich.
Ich lief bis hinunter zum Fluss.
Dort warf ich den Fischen mein Mittagessen hin.
Sie schnappten gierig.
Immerhin.
Die Fische freuten sich.
Und mein Hunger?
Ich ernährte mich von Brot.
Brot mit Zucker.
Mit Senf.
Mit Tomatenmark.
Heimlich kochte ich Tütensuppe mit dem Tauchsieder.
Im Marmeladenglas.
Ich verkaufte Briefmarken und Briefpapier.
Damit versorgten mich meine Eltern reichlich.
Für das Geld kaufte ich ‚Felix Erdnusskerne'.

Manchmal reichte das Geld für eine Portion Pommes Frites.
Ich kletterte heimlich über die Klostermauer.
Lief zum Imbisswagen.
Dort wartete das Schlaraffenland auf mich.
Selbstgemachte Pommes.
Mit selbstgemachter Mayonnaise.
Das war der Himmel auf Erden.

Als ich Kind war …

war ich sehr damit beschäftigt, mir Streiche aus-zudenken.
Streiche bedeuteten unbändigen Spaß.
Irrsinnige Freude.
Knisternde Spannung.
Streiche waren eigentlich verboten.
Sie mussten heimlich passieren.
Wenn sie nicht funktionierten, gabs Ärger und Strafen.
Wenn alles gut ging, gabs diese wahnsinnigen Glücksmomente.
Die Lust machten auf neue Streiche.
Mein Alltag erschien mir öde.
Es passierte nichts Ungewöhnliches.
Ich brauchte Streiche.
Nur dann fühlte ich mich lebendig!
Normal war das nicht.
Die meisten Kinder hatten Angst vor Strafen.
Streiche!
Sie trauten sich nicht.
Aber sie hatten ihren Spaß.
Beim Zugucken.
Auch beim Mitmachen.
Streiche war was für die Mutigen.
Für mich genau das richtige.

Ich dachte mir die Streiche aus.
Lieferte die Ideen.
Die anderen machten mit.
Ich als Anführerin bekam die Strafe.
Wenn es herauskam.
Aber meistens hielten wir zusammen.
Und alles blieb geheim.
Wir fanden Streiche lustig.
Aber eigentlich waren sie gemein.
Wir machten Streiche auf Kosten anderer.
Das war fies.
Über die Geschädigten lachen?
Nicht besonders nett.
Trotzdem machten wir es immer wieder.
Klingelmännchen ging fast immer und überall.
Es brauchte Häuser.
Sonst nichts.
Alle Klingelknöpfe drücken.
Und ganz schnell wegrennen.
Nicht erwischen lassen.
Mir passierte das nie.
Ich war einfach superschnell.
An die Menschen, die den Türöffner bedienten,
dachten wir nicht.
Wollten wir sie ärgern?
Wir wollten unseren Spaß haben.
Mehr nicht!
Klingelmännchen war einfach.
Alles andere schwieriger.
Es musste vorbereitet werden.

Den größten Spaß gabs auf Klassenfahrten.
Da waren wir gemein.
Zu denen, die wir nicht mochten.
Das waren die Streber.
Die Angeber.
Die Klugscheißer.
Es gab Harmloses.
Zum Beispiel die Türklinken mit Senf und
Ketchup bestreichen.
Heimlich einen nassen Schwamm auf den Stuhl
legen.
Als ich Kind war, gabs nur dreiteilige Matratzen.
Wir entfernten die mittlere.
Stellten eine Schüssel mit Wasser in die Lücke.
Zogen das Betttuch wieder glatt.
Unser Opfer legte sich am Abend ins Bett.
Mit dem Po ins kalte Wasser.
Großer Aufschrei.
Manchmal Geheule.
Wir hatten unseren Spaß.
Noch fieser war der Einsatz der Bräunungscreme.
Die war gerade frisch auf dem Markt.
Eine absolute Neuheit der Kosmetikindustrie.
Für die Schönheit der Frau.
Irgendjemand hatte so eine Tube der Mutter
geklaut.
Um sich das Gericht zu bräunen.
Auch die Arme.
Im Sommer die Beine.
Das war damals chic.

Ich hatte die Idee mit den Punkten.
Ab in den Schlafsaal.
Um Mitternacht.
Wenn alle schliefen.
Ein oder zwei Opfer aussuchen.
Und ihnen Punkte aufs Gesicht drücken.
Mit der Bräunungscreme ‚Selbstbräuner!'
Damit zauberten wir Sommersprossen aufs Gesicht.
Sommersprossen wie Pippi Langstrumpf.
Wir fanden das lustig.
Aber Sommersprossen waren damals out.
Wer welche hatte, besorgte sich in der Apotheke ein Mittel.
Zur Entfernung der Sommersprossen.
Am nächsten Morgen mit Spannung dann in den Waschraum.
Die Geschädigten standen vor dem Spiegel.
Wuschen.
Rieben.
Rubbelten.
Die braunen Flecken blieben.
Nichts brachte sie zum Verschwinden.
Kein Essigwasser.
Kein Lösungsmittel.
(Die Packungsbeilage versprach, die Bräune würde bleiben.
5 Tage lang. Mindestens.)
Das Theater war groß.
Die Panik wuchs.

Wars die Pest?
Eine schlimme Krankheit?
War sie ansteckend?
Würden wir alle daran sterben?
Musste der Arzt gerufen werden?
Unser Klassenlehrer war ratlos.
Er wählte den Notruf.
Da beendete ich den Spaß.
Mit dem Satz: „Ich wars!“
„Es ist alles harmlos!
Nur eine Selbstbräunungscreme!
In 5 Tagen sind die Sommersprossen
verschwunden!“
Etwas gemeiner war die Sache mit der
Schokolade.
Schokolade mochte jeder.
Schokolade gabs selten.
Alle rissen sich um ein noch so kleines Stück.
Irgendjemand fand zu Hause im Arzneischrank
eine besondere Tafel.
Sie nannte sich Schlankolade.
Wer davon aß, wurde schlank.
Bekam Durchfall, verlor an Gewicht.
Es war ein harmloses Abführmittel.
Sah aber aus wie die gute Schokolade von
Sarotti.
Auch hier suchten wir unsere Opfer.
Ließen sie beim Spiel gewinnen.
Als Belohnung gabs einen ganzen Riegel
Schokolade.

Der reichte, um den nächsten Tag auf dem Klo zu verbringen.
Und wieder der Ruf nach dem Arzt.
Die Angst vor schlimmem Virus.
Kein Fieber.
Aber trotzdem.
Durchfall.
Und große Panik.
Ich erklärte den Spaß.
In letzter Minute.
Bevor der Arzt kam.
Es gab Lehrer, die wir nicht mochten.
Sie waren streng.
Ungerecht.
Langweilig.
Unerträglich.
Für sie gabs kleine Racheakte.
Auf mein Kommando fingen wir an zu summen.
Es hörte sich richtig gut an.
Wie ein besonderes Konzert.
Mal laut.
Mal leise.
Mal hoch.
Mal tief.
Wir fanden es toll.
Konnten gar nicht aufhören.
Mit unserer Summerei.
Es hätte Stunden so weitergehen können.
Der Kopf von Lehrer Klausen wurde knallrot.

Kurz vor dem Herzinfarkt beendete er unsere Show.
Wir bekamen einen Tadel ins Klassenbuch.
Und Herr Klausen verließ den Raum.
Ohne ein Wort.
Mehr ist nicht passiert.
Ein paar Tage später hatte ich eine neue Idee.
Am Montag sollte jeder einen roten Pullover tragen.
Farbe in das trostlose Klassenzimmer bringen.
Ich stellte mir das super vor.
Das war es auch.
Ein tolles Bild.
Das ganze Klassenzimmer rot.
In allen Tönen.
Von hell bis dunkel.
Von grell bis schräg.
Gehäkelt oder gestrickt.
Einfach super.
Alle hatten sich angestrengt.
Irgendwo ein rotes Teil zu finden.
In irgendwelchen Schränken.
Wir konnten nicht aufhören zu kichern.
Unterricht war nicht möglich.
Aber Herr Klausen blieb cool.
Er tat, als wär alles wie immer.
Nur sein Kopf war rot wie eine Tomate.
Er wollte Vokabeln abfragen.
Er schaffte es nicht.
Wir kamen aus dem Kichern nicht heraus.

Dann gabs ein Diktat.
Das lustigste Diktat, das wir je hatten.
Wir schrieben, das schon.
Aber das Lachen konnten wir nicht abstellen.
Dafür gabs für jeden einen Tadel ins Klassenbuch.
Hätten wir uns denken können.
Frau Gruber unterrichtete Mathe.
Sie erinnerte uns an eine Hexe.
Graue Haare.
Spitze Nase.
Runde Brille.
Strenger Blick.
Pausenlos klopfte sie mit dem Lineal aufs Pult.
Schrieb am liebsten Fünfen in ihren roten Lehrerkalender.
Sie hatte nur zwei Lieblinge.
Ich gehörte nicht dazu.
Und meine Fünf in Mathematik war mir sowieso sicher.
Also fasste ich einen Beschluss.
Ich versteckte mich im Klassenschrank.
Der stand neben der Tür.
Als es still war, klopfte ich von innen an die Schranktür.
Ich hörte die Schritte von Frau Gruber.
Sie näherte sich.
Sie öffnete die Klassentür.
Ich hielt die Luft an.
Sie sagte nichts.

Sie schloss die Tür.
Setzte den Unterricht fort.
Ich wartete etwa fünf Minuten.
Dann klopfte ich erneut.
Das gleiche Spiel begann.
Frau Gruber ging zur Klassentür.
Öffnete sie.
Stille.
Sie schloss die Tür.
Setzte den Unterricht fort.
Ich wartete ein paar Minuten.
Dann klopfte ich erneut.
Und wieder ging Frau Gruber zur Klassentür.
Stille.
Dann riss sie die Schranktür auf.
„Raus!“, sagte sie.
„Melde dich bei der Direktorin!“
Sie schrieb einen Tadel ins Klassenbuch.
Die Direktorin bestellte meinen Vater zum Gespräch.
Der beschloss, für mich eine andere Schule zu suchen.
Und die war meine Rettung.
Ab sofort brauchte ich keine Streiche mehr!

Als ich Kind war ...

gab es das Fach Religion.
Man las die Bibel.
Das alte und neue Testament.
Den Katechismus.
Man betete.
Man lernte die zehn Gebote auswendig.
Ich fand das Fach Religion nicht besonders spannend.
Es lag wohl am Lehrer.
Pastor K. war ein komischer Typ.
Lang und dünn.
Mit fettigem Haar und verschmierter Brille.
Seine Augen blau und glubschig.
Irgendwas erinnerte an einen Frosch.
Das Märchen vom Froschkönig mochte ich nie.
Seine Hände waren mager.
Seine Finger lang.
Wie die Krallen eines Greifvogels.
Etwas gespenstisch fand ich.

Meine Note im Fach Religion war eine Vier.
Ich konnte mich noch so oft melden.
Mich am Unterricht beteiligen.
Über eine Vier kam ich nicht hinaus.
Das war komisch.

Denn fast alle anderen hatten eine Eins.
Oder mindestens eine Zwei.
Genau das wollte ich auch.
Ich fragte Ulrike.
Die hatte in Religion immer eine Eins.
Und die beteiligte sich viel weniger als ich.
„Warum bekomme ich immer nur eine Vier?“
Sie lächelte ein sehr seltsames Lächeln.
„Du musst ihn besuchen.
Ganz einfach.
Dann klappt das schon.
Du wirst sehen!“
Pastor K. wohnte auf dem Internatsgelände.
In einem netten kleinen Haus.
Mit Efeu an den Mauern.
Blumen vor der Tür.
Schön.
Ich drückte den Klingelknopf.
Gespannt, was mich erwarten würde.
Vielleicht eine Tasse Kakao?
Ein Stück Kuchen?
Mir lief schon das Wasser im Mund zusammen.
Die Tür öffnete sich.
Und er stand vor mir.
In seinen schwarzen Klamotten.
Wie eine Krähe, dachte ich.
Krähen konnte ich nicht ausstehen.
Ich fand sie bedrohlich.
Laut und besitzergreifend.
„Was verschafft mir die Ehre?“, sagte er.

Und lächelte sehr seltsam.
„Ich möchte in Religion gerne eine Zwei.
Eine Eins wär natürlich noch besser!"
Sein Lächeln wurde noch seltsamer.
Er streckte seine Hand aus.
Ich sah diese Finger.
Die mich an einen Greifvogel erinnerten.
Sie kamen näher.
Schon berührten sie mich.
Mit kaltem Schweiß.
„Dann komm doch rein!", sagte er.
Da fand ich sein Lächeln nicht mehr seltsam.
Es war irgendwie gruselig.
Ich drehte mich um.
Bloß weg!
Ich lief davon.
So schnell ich konnte.
Nix wie weg!
Es blieb bei der Vier in Religion!

Als ich Kind war ...

gab es nach der Schule die Nachhilfe!
Die gabs für Schüler, die schlechte Noten hatten.
Bei denen die Versetzung gefährdet war.
Auch mir wurde Nachhilfe verordnet.
Obwohl ich sie nicht wollte.
Immer nur Schule?
Auch nach der Schule?
Der Horror!
Ich wollte Klavierunterricht.
„Erst wenn deine Noten besser sind!“,
beschlossen meine Lehrer.
Die Nachhilfe konzentrierte sich auf Mathematik.
Ich schaltete ab.
Konzentrierte mich auf alles Mögliche.
Nur nicht auf Mathematik.
Ich träumte von der Goldmedaille im Hundertmeterlauf.
Träumte von einsamen Inseln, die ich eines Tages entdecken würde.
Träumte mich weg vom Nachhilfelehrer.
Wachte erst wieder auf, wenn die Stunde vorbei war.
Meine Noten blieben schlecht.
Klavierunterricht blieb ein Traum.
Aber ich wechselte die Schule.

Ich landete auf der Insel Juist.
Und mein neues Leben begann.
Für mich ganz ohne Nachhilfe.
Es passierte ein Wunder.
Meine Noten waren plötzlich gut.
Sogar in Mathematik.
Nachhilfe war ab sofort eine regelmäßige Geldquelle.
Meine Klassenlehrerin vermittelte mir den ersten Schüler.
Jasper war zehn.
Ich sollte seine Hausaufgaben betreuen.
Jeden Tag von drei bis vier.
Sie meinte, ich wär genau die Richtige.
Sie traute mir das zu?
Mein Selbstbewusstsein wuchs.
Ich stürzte mich in die Herausforderung.
Mein Ehrgeiz war grenzenlos.
Mein Schüler sollte gut werden.
In allen Fächern.
Jasper hatte große Probleme.
Aber ich gab nicht auf.
Jeden Tag arbeitete ich mit ihm.
Es machte Spaß.
Uns beiden.
Wir freuten uns auf die Nachhilfe.
Jeden Tag.
Nachhilfe konnte Glück bedeuten.
Er war wie mein kleiner Bruder, den ich nie hatte.
Ich wollte ihn so weit bringen, wie möglich.

Zwei Jahre später verließ ich die Insel.
Jasper schenkte mir zum Abschied seine Lederhose.
Mein zweiter Schüler war Hillrich.
Er zog vom Festland auf die Insel.
Statt Latein hatte er nun Französisch.
Ihm fehlte ein ganzes Jahr.
Das sollte ich mit ihm nacharbeiten.
Ich?
Ja, ich!
Fand mein Französischlehrer.
Kann ich das?
Klar, kannst du das!
Hillrich war nur ein Jahr jünger als ich.
Und einen Kopf größer.
Er tat alles, was ich ihm sagte.
Alles.
Er lernte brav alle Vokabeln.
Erledigte alle Hausaufgaben.
In kurzer Zeit hatte er ein ganzes Jahr nachgeholt.
War der beste Schüler seiner Klasse.
Nachhilfe!
Bei mir hat es nie funktioniert.
Mir hat die richtige Nachhilfe gefehlt.
Mir hat jemand gefehlt wie Doris!

Als ich Kind war ...

gabs nichts Besseres als Spiele!
Auf Kindergarten und Schule hätte ich gut verzichten können.
Auf Spiele nicht!
Ohne Spiele wäre mein Leben kein Leben gewesen.
Spiele!
Das war Glück!
Das war Freiheit!
Das war Leben pur!
Vor allem die Spiele draußen.
Mit dem Fahrrad, dem Roller, den Rollschuhen!
Einfach drauflos.
Kreuz und quer durch die Gegend!
Irgendwo landen!
Nicht zurück nach Hause finden.
Neues entdecken!
Auf dem Sportplatz laufen, springen, werfen!
Mit Stoppuhr und Metermaß!
Immer wieder!
Immer schneller, weiter, höher!
Bis zur Erschöpfung!
Und von der Goldmedaille bei der nächsten Olympiade träumen!

Wenn wir viel Platz fanden, spielten wir Federball.
Oder Volleyball.
Und immer wieder verstecken!
Bis 100 zählen.
Sich gut verstecken.
Die Versteckten suchen.
Dieses Spiel ging immer.
Und fast überall.
Über Seile springen funktionierte auch überall.
Sogar, wenn man allein war.
Und niemanden zum Mitspielen fand.
Wenn es Steinplatten auf dem Boden gab, war Hinkeln angesagt.
Man brauchte Kreide, bemalte die Platten.
Und dann los.
Über die Kästchen springen.
Dabei nicht über den Rand treten.
Das war alles.
Toll war auch das Spiel mit den Murmeln.
Man brauchte eine kleine Kuhle.
Sonst nichts.
Und natürlich einen Beutel mit kleinen Kugeln.
Die kostbaren waren aus Glas.
Mit bunten Mustern.
Die normalen Murmeln waren aus Ton.
Angemalt in den Farben blau, rot, gelb und grün.
Ziel des Spiels war, immer mehr Murmeln zu gewinnen.

Je voller der Beutel war, umso glücklicher waren wir.
Und je mehr von den bunten Glasmurmeln, umso besser.
Bei schlechtem Wetter gab es andere Spiele.
Kartenspiele.
Das Beste war ‚Schwarzer Peter'.
Brettspiele wie ‚Mühle' und ‚Mensch ärgere Dich nicht'!
Am liebsten war mir ‚Stadt, Land, Fluss'!
Das war ein Spiel, bei dem ich immer die meisten Punkte holte.
Wenn ich mich langweilte, nahm ich mir den dicken Atlas.
Suchte Städte, Länder und Flüsse.
Immer wieder neue.
Von A bis Z.
Möglichst viel zu wissen.
Immer wieder Neues.
Das fand ich toll.
Im Winter, bei ganz schlechtem Wetter, gabs vor allem vier Spiele.
Und bei allen vier Spielen gabs was zu essen.
Spiel Nummer 1 war Schule spielen.
An der Tafel wurde gemalt, gerechnet, geschrieben.
Das Beste am Schule Spiel aber war die Pause.
Da wurde in den Kühlschrank geschaut.
Und irgendein Essen vorbereitet.
Am liebsten Spiegeleier mit Schinken.

Spiel Nummer 2 war Einkaufen und Verkaufen.
Der Kaufladen war immer gut gefüllt.
Mit Nüssen und Rosinen.
Mit getrockneten Aprikosen und Apfelringen.
Immer wieder lecker.
Spiel Nummer 3 war das Kasperletheater.
Die böse Hexe jagte Hänsel und Gretel.
Der Kasper jagte die böse Hexe.
Die wurde eingesperrt.
Und wir holten uns zur Belohnung beim Bäcker ein Stück Streuselkuchen.
Spiel Nummer 4 war die Sonntagsmesse.
Die war besonders feierlich.
Das liebten wir.
Messe spielen ging nur im Wohnzimmer.
Wir brauchten den Plattenspieler für die festliche Orgelmusik.
Wir zündeten Kerzen an.
Wir pflückten Blumen.
Stellten sie vor den Altar, den wir zusammensuchten.
Ein Holzkreuz, eine Muttergottesfigur, vier Engel.
Wir sangen unsere Lieblingslieder.
Wir klingelten mit allen Glocken, die wir fanden.
Der Höhepunkt aber war die heilige Kommunion.
Dazu brauchten wir die Backoblaten aus dem Küchenschrank.
Und immer wieder legten wir uns die Oblaten auf die Zunge.
Sie klebten wie Esspapier.

Schmeckten eigentlich nach nichts.
Trotzdem fanden wir sie wunderbar.
Und konnten erst dann aufhören, wenn die
Packung leer war.

Als ich Kind war ...

wurde ich in den Kindergarten geschickt.
Jeden Tag war das so.
Von morgens 8.00 bis mittags um 12.00.
Und am Nachmittag von 14.00 bis 16.00 Uhr.
Es gab sehr strenge alte Tanten.
Die meckerten und meckerten.
Ich wusste nie warum.
Wir mussten beten.
Wir mussten singen.
Wir mussten stillsitzen.
Und stillstehen.
Wir mussten basteln und malen.
Die Schere schnitt in den Finger.
Der Stift fiel aus der Hand.
Wir mussten beten.
Wir mussten singen.
Wir mussten stillsitzen.
Und stillstehen.
Ich machte nichts richtig.
Ich machte alles falsch.
Deshalb wurde ich am Stuhl festgebunden.
Das Beste am Kindergarten war für mich der Nickneger.
Ich mochte ihn sehr.
Es war eine Spardose mit einem Mohrenkopf.

Warf man eine Münze hinein, nickte er mit dem Kopf.
Als würde er danke sagen.
Das Geld wurde nach Afrika geschickt.
Dort sollte es arme Kinder unterstützen.
Das fand ich gut.
Aber mich plagte immer die Frage, wo krieg ich das Geld her ...

Als ich Kind war ...

liebte ich Mutproben.
Sie waren ganz geheim.
Die Eltern durften davon nichts wissen.
Sie hätten alles verboten.
Alles, was wir toll fanden.
Wir waren immer total stolz, wenn uns eine Mutprobe gelang.
Ekelig fand ich es, Regenwürmer zu schlucken.
Aber ich habs geschafft.
Unheimlich war es, allein in den dunklen muffigen Keller zu gehen.
Ganz ohne Licht.
Gefährlich war es, über die Gleise zu laufen.
Immer dann, wenn man den Zug schon anrollen hörte.
Mit viel Angst nur schaffte man es über die hohe Mauer zu klettern.
In den Garten vom Nachbarn mit bissigem Hund.
Sehr besonders war der Sprung mit dem Fahrrad.
Aus dem 1. Stock in die Sandgrube nach unten.
Das war ziemlich hoch.
Zum Schwindlig werden.
Das Gefährlichste aber war die Blutsbrüderschaft.

Wir wussten nicht wirklich, was es bedeutete.
Hatten gehört, dass
Blutsbrüder echte Freunde sind.
Fürs ganze Leben.
So nah wie leibliche Brüder.
Ich hab mich nicht oft getraut.
Konnte eigentlich kein Blut sehen.
Denn beim Ritual ritzt man sich in die Haut.
Das tat weh.
Vermischt die Blutstropfen miteinander.
Schwört ewige Treue.
Aber meistens hielt die Freundschaft nicht lange.
Manchmal nur ein paar Tage!

Als ich Kind war ...

liebte ich niemanden so sehr wie meinen Teddy.
Das Fell war abgeschabt.
Arme und Beine hingen schlapp am Körper.
Das linke Ohr fehlte.
Niemand wusste warum.
Und das rechte Auge war schon lange verloren gegangen.
Er sah traurig aus, mein Teddy.
Aber das störte mich nicht.
Ich streichelte über sein struppiges Fell.
Und er war glücklich.
Er mit mir. Und ich mit ihm.
Eines Tages war er weg.
Auf meinem Bett saß ein anderer Teddy.
Sein Fell war weich.
Und sehr kuschelig.
Er hatte zwei Augen.
Zwei Ohren.
Er war perfekt.
Ich wusste sofort, was passiert war.
Ich schaute in die Mülltonne.
Da lag er.
Zwischen Kartoffelschalen.
Und Gemüseresten.
Ich holte ihn heraus.

Legte mich mit ihm in die Badewanne.
Tauchte unter in duftenden Schaumbergen.
Der neue Teddy landete im Gemüseabfall.

Als ich Kind war ...

war das ganz besondere Highlight:
Der Gang ins Kino.
Alle, die ich kannte, gingen ins Kino.
Am liebsten am Sonntag um 16.00 Uhr.
Und am Montag redeten alle davon.
Alle, außer mir.
Für mich war Kino verboten.
Mein Vater war der Bestimmer.
Meine Mutter mischte sich da nicht ein.
Ich heulte und tobte.
Knallte die Türen zu.
Es half alles nichts.
Mein Vater war knallhart.
Und warum?
Kino war pure Unterhaltung.
Anspruchslos.
Banal.
Kitschig.
Überflüssig.
Meistens rührselig.
Für meinen Vater zählte allein die Bildung.
Und die bekam man durch gute Bücher.
Durch gute Zeitungen.
Theaterstücke.
Konzertbesuche.

Und natürlich gabs bei uns keinen
Fernsehapparat.
Alles überflüssig.
Zeitverschwendung.
Punkt.
Und dann lief im Kino dieser ganz besondere
Film.
Alle, die ich kannte, hatten ihn schon gesehen.
Manche nicht nur einmal.
Fritz und seine Kumpels waren schon dreimal
drin.
Nur ich nicht.
Fritz hatte Mitleid mit mir.
Am Sonntag lief die letzte Vorstellung.
Er schenkte mir die 50 Pfennig für die
Eintrittskarte.
Erzählte meinen Eltern von einem gemeinsamen
Ausflug.
Er zwinkerte mir zu.
„Na, dann viel Spaß!"
Ich war aufgeregt.
Mir war übel.
Ich hatte Angst.
Wenn das herauskam?
Mein Vater würde ausflippen.
Was würde passieren?
Er würde mich abgeben.
In ein Heim für nicht erziehbare Kinder.
Mir war alles egal.
Es gab kein Zurück.

Ich musste den Film sehen.
Unbedingt.
Mein schlechtes Gewissen saß mir im Nacken.
Aber ich kaufte das Ticket.
Setzte mich in die letzte Reihe.
Kaute an meinen Fingernägeln.
Das Licht ging aus.
Ich hielt den Atem an.
Und dann war ich drin.
In dieser anderen Welt.
In einer Welt, die ab sofort meine sein sollte.
Ja, ich wollte unbedingt Mitglied der Trapp
Familie sein.
Das achte Kind!
In dieser glücklichen Familie.
Dieser Großfamilie.
Wie toll wäre das!
Ein Leben im Schloss.
Gekleidet in Matrosenanzüge.
Mit dieser verrückten neuen Stiefmutter.
Gespielt von Ruth Leuwerik.
Ein Traum ... so eine Mutter zu haben.
Eine, die immer da ist.
Die so herzlich, so megalustig ist.
Immer gute Ideen hat.
Die den ganzen Tag singt!
Ich sehnte mich in diese Familie.
Und diese Sehnsucht ließ sich nicht stoppen.
Sie hatte mich gepackt.
Ließ mich nicht mehr los.

Ich konnte nicht anders.
Ja, ich weinte still vor mich hin.
Und dann war der Film zu Ende.
Das Licht ging an.
Die Menschen strömten hinaus.
In den sonnigen Sonntag.
Und ich war allein mit dieser Sehnsucht, die weh tat.
Und dem schlechten Gewissen.
Mein Leben erschien mir grau und öde.
Arm und anstrengend.
Langweilig!
Alles!
Aber, jetzt die Tränen runterschlucken.
In den normalen Alltag rutschen.
Das graue Leben bunt anmalen.
Wie immer!
Die Sehnsucht nach der anderen Welt aber blieb.
Und diese Welt gabs im Kino.
Ab sofort.
Immer.
Als ich Kind war ... aber immer nur heimlich.
Und mit großer Sehnsucht.
Nach dem Leben, das es vielleicht nur im Kino gibt!

Als ich Kind war …

gab es zwar keine Geschwister für mich.
Aber Tiere wären ja möglich gewesen.
Die hätte man in jeder Zoohandlung kaufen können.
Aber meine Eltern lehnten Haustiere ab.
Es gab ein klares Nein.
Da half nix.
Kein Gejammer.
Kein Türenschlagen.
Nichts.
Es gab kein Pferd.
Es gab keinen Hund.
Keine Katze.
Keinen Hamster.
Kein Meerschweinchen.
Keinen Vogel.
Keine Schildkröte.
Keine fürs Wasser.
Keine fürs Land.
Es gab keinen einzigen Fisch.
Für mich gabs die Regenwürmer im Garten.
Die buddelte ich aus und warf sie über die Gartenmauer.
Als Leckerbissen für die Hühner des Nachbarn.
Ab und zu besuchte mich der Igel.

Aber er ließ sich niemals streicheln.
Wenn es Maikäfer gab, fing ich sie ein.
Stopfte sie in eine Zigarrenkiste und zeigte sie meiner Lehrerin.
Die ließ sie sofort wieder frei.
Ich fand viele, viele Vögel, die aus dem Nest gefallen waren.
Ich baute ihnen ein Bett aus Watte.
Fütterte sie mit Haferflocken.
Tropfte mit einer Pipette Wasser in ihre Schnäbel.
Wünschte immer, sie mögen wachsen und davonfliegen.
Aber kein einziger Vogel überlebte den nächsten Tag.
Der Vogelfriedhof wuchs.
Ich sammelte Zigarrenkisten.
Als kleine Särge.
Bastelte Kreuze.
Pflanzte Blumen auf die kleinen Vogelgräber.
Der Vogelfriedhof am Rand der Gartenmauer wuchs.
Für mich blieben die Tiere im Zoo.
Die besuchte ich meistens am Sonntag.
Am liebsten war mir Pony Schecki.
Schecki war der einzige Grund, den Zoo zu besuchen.
Für 50 Pfennig durfte ich ein paar Runden reiten.
Ja, ein Pferd hätte ich am allerliebsten gehabt.
Aber diesen Wunsch zu äußern, habe ich niemals gewagt.

Das wäre zwecklos gewesen.
Auf Schecki reiten ... das war Glück genug.
Zur Fütterung der Seehunde gab ich Schecki wieder ab.
Für mich gab es nur zwei Gründe, den Zoo zu besuchen.
Schecki und die Seehunde.
Ich liebte es, wenn Lilly und Billy ins Wasser platschten.
Nach den Heringen schnappten.
Immer und immer wieder.
Platsch.
Sie hatten Spaß, die Seehunde.
Sie balancierten Bälle.
Sie schossen auf dem Bauch die Rutsche hinunter.
Immer wieder.
Unermüdlich.
Das fand ich toll.
Alles andere konnte ich fast nicht aushalten.
Der Zoo bestand aus Käfigen.
Die Tiere eingesperrt hinter Gittern.
Kaum Platz für Bewegung.
Ich konnte ihren Blick nicht ertragen.
Wenn sie traurig an den Eisenstangen vorbeischlichen.
Mir brach es fast das Herz.
Dann musste ich das Gedicht ‚Der Panther' von Rilke auswendig lernen.

‚Sein Blick ist vom Vorübergehn der Stäbe so müd geworden,
dass er nichts mehr hält.
Ihm ist, als ob es tausend Stäbe gäbe
Und hinter tausend Stäben keine Welt.'
Ja, eingesperrt waren die Tiere im Zoo.
Die Tiger, die Löwen.
All die stolzen wilden Tiere.
Wie elend mussten sie sich fühlen!

Ab sofort weigerte ich mich, in den Zoo zu gehen.
Am liebsten hätte ich eine Zange genommen.
Ich hätte die Gitterstäbe zerschnitten.
Und den Tieren ihre Freiheit zurückzugeben.
Zuallererst den Adlern.
Die traurig auf ihrem Baumstumpf saßen.
Und von der Weite des Himmels träumten.
Ja, ab sofort träumte ich nur noch von der Befreiung der Zootiere.
Meine Eltern trauten es mir zu.
Ja, sie teilten meinen Kummer.
Ab sofort gab es keine Zoobesuche mehr.
Ich verzichtete aufs Reiten.
Und träumte von der Rettung aller Tiere,
die im Zoo hinter Gitterstäben eingesperrt waren.

Als ich Kind war …

hat nichts so sehr meine Seele berührt wie Musik.
Ich wusste nicht, was da mit mir passierte.
Aber es passierte einfach.
Egal, was ich hörte.
Orgelmusik in der Kirche.
Schöne Stimmen im Radio.
Ein Klavierkonzert.
Ein Violinkonzert.
Ein Bläserkonzert.
Eine Opernarie.
Lieder, die meine Mutter beim Kochen sang.
Musik bedeutete Glück.
Machte mich froh und glücklich.
Kraftvoll und lebendig.
Manchmal auch traurig.
Wie gern hätte ich ein Instrument gespielt.
Klavier oder Violine oder Flöte.
Aber alle wussten, ich war fürs Üben nicht gemacht.
Ich hatte keine Geduld.
Keine Ausdauer.
Musik hören … in der Badewanne singen … mehr war nicht drin.
Leider.

Aber ich konnte stundenlang vor dem Radio sitzen.
Und vor dem Plattenspieler.
Zuhören.
Die Seele baumeln lassen.
In eine Welt eintauchen.
Die mich glücklich machte.
Ich liebte Tschaikowsky und Strawinsky.
Ich liebte Schubert und Brahms.
Mozart mochte ich weniger.
Nach dem Bolero von Ravel war ich süchtig.
Stundenlang konnte ich vor dem Plattenspieler sitzen.
Und mich in Welten treiben lassen.
Die mir mysteriös vorkamen.
Mich mit Gänsehaut zurückließen.
Und dem Wunsch, immer in dieser Welt zu bleiben.
Aber der Alltag schlug immer erbarmungslos zu.
Dann, wenn meine Eltern den Stecker aus der Steckdose zogen.

Das schönste Musikerlebnis gab es einmal im Jahr.
Am Strand der Nordseeinsel Baltrum.
Von 11.00 bis 12.00 Uhr.
Wurde aus der ‚Mundorgel‘ gesungen.
Ich sang besonders laut.
Mich machte das Singen einfach glücklich.
‚Frère Jacques‘

‚We Shall Overcome‘
‚Heute hier, morgen dort‘
‚Wenn die bunten Fahnen wehen‘
‚Horch was kommt von draußen rein‘
‚Von den blauen Bergen kommen wir‘
‚What shall we do with the drunken sailor‘
‚Auf du junger Wandersmann‘
‚Der Mond ist aufgegangen‘
‚Ade zur guten Nacht‘
All die Lieder berührten mein Herz.
Brachten mich zum Weinen.
Vor allem und immer wieder das Lied.
‚Nehmt Abschied Brüder, ungewiss ist alle Wiederkehr‘
Diese Lieder sang meine Mutter auch in der Küche.
Beim Backen und Kochen.
Musik war also mein ständiger Begleiter.
Hüllte mich ein.
Und machte mich froh.
Und lebendig.
Deshalb ging ich wohl gerne in die Kirche.
Da empfing mich die Orgel.
Da sang der Chor.
Da schmetterte ich meine Lieblingslieder.
‚Großer Gott wir loben dich‘
‚Lobe den Herren!‘
Der ganze Kirchenraum war erfüllt von den gewaltigen Orgeltönen.
Schön!

Als ich Kind war …

hatte ich ein großes Vorbild.
Das war Martin.
Sankt Martin.
Der Heilige Martin.
Genau der!
Den man jedes Jahr am 11. November feiert.
Ich wusste, es gab Arme und Reiche.
Und ich wusste, als guter Mensch musste man den Armen helfen.
Zum Beispiel Geld spenden.
Meine Eltern waren gute Menschen.
Da hatte ich Glück.
Sie spendeten viel.
Machten Geschenke.
Halfen Bedürftigen.
Die meisten Menschen, die ich kannte, waren anders.
Sie waren geizig.
Die behielten alles nur für sich.
Die verschenkten nichts.
Nicht mal zu Weihnachten.
Meine Verwandten zum Beispiel.
Mein Held war also Sankt Martin:
Der lebte vor über 1600 Jahren.
Das ist ewig lange her.

Und doch feiern wir ihn jedes Jahr am 11. November.
Warum eigentlich?
Weil er einen frierenden Bettler half?
So soll das gewesen sein.
Weil er weder Brot noch Geld bei sich trug, teilte er seinen Mantel.
Er zerschnitt ihn mit seinem Schwert.
Das fand ich toll.
Ich hörte diese Geschichte im Kindergarten.
Und ab sofort hatte ich nur ein Ziel: teilen!
Hatte ich eine Tafel Schokolade, gab ich die Hälfte ab.
Ja, das tat weh.
Ich hätte sie gerne selbst gegessen.
Die ganze Tafel.
Aber ich hatte beschlossen, dass teilen wichtig war.
Und ich teilte.
Immer, wenn ich was zu teilen hatte.
Meinen Mantel musste ich nie teilen.
Ich traf niemals einen frierenden Bettler.
Die Bettler, die ich traf, waren warm angezogen.
Sie saßen auf dem Boden der Fußgängerzone.
Freuten sich über eine Münze in ihrem Becher.

Als ich Kind war ...

war das Wichtigste: die Familie!
Ich hatte eine Mutter und einen Vater.
Ich hatte keine Geschwister.
Das fand ich traurig.
Aber ich hatte eine Oma und zwei Opas.
Ich hatte viele Onkel und Tanten.
Sehr viele Cousinen und Cousins.
Meine Familie war groß.
Und ich lernte, eine Familie zu haben, war wichtig.
Aber zuerst kam der liebe Gott.
Dann erst die Familie.
So war das, als ich Kind war.
Oder war es umgekehrt?
Das weiß ich nicht mehr.
Die Familie war da.
Freunde kamen und gingen.
Die Familie blieb.
Immer.
Bis zum Tod!
Die Familie konnte man sich nicht aussuchen.
Auswechseln ging auch nicht.
Das war doof.
Ja, ich hätte gerne eine andere Familie gehabt!
Meine Eltern waren sehr beschäftigt.

Beide leiteten eine Fabrik.
Ich sah sie eigentlich nur am Sonntag.
Einerseits war das gut.
Ich wurde nicht kontrolliert.
Meine Abenteuer blieben geheim.
Ich konnte tun, was ich wollte.
Das war toll.
Dem Hauspersonal war es egal, wo ich mich herumtrieb.
Andererseits wünschte ich mir andere Eltern.
Einen Vater ohne Mercedes und Businessanzug.
Ohne perfektem weißen Oberhemd und
Krawatte aus Seide.
Ich wünschte mir einen Vater im blauen Overall.
Mit einer Schreinerwerkstatt.
In der es nach Holz roch.
Und der mit mir Holz zersägte.
Und daraus was baute.
Zum Beispiel ein Pferd.
Oder ein Puppenhaus.
Ich wünschte mir eine Mutter, die im Haushalt wuselte.
Am Ofen stand oder am Bügelbrett.
Also immer da.
So wie damals alle Mütter, die ich kannte.
Meine Mutter sah ich hinter dem großen
Bürofenster.
Im blauen Kostüm.
Den Telefonhörer am Ohr.
Das Porsche Cabrio immer einsatzbereit.

Meine Mutter hatte einen wichtigen Beruf.
Ich habe sie nicht gestört.
Ich bin vor dem Bürofenster auf und ab gegangen.
Habe ich ihr zugewinkt?
Ich glaube nicht.
Mein Opa, der Fabrikant, saß oft vor der Fabrik.
Er rauchte Pfeife.
Ich hatte immer das Gefühl, dass er gar nicht weiß, wer ich bin.
Mein Opa, der Schneidermeister, war wie einer aus dem Märchenbuch.
Er saß im Schneidersitz auf einem großen Tisch.
Und nähte.
Wenn er mich sah, sprang er vom Tisch.
Umarmte mich und sagte:
„Wie schön, dass du da bist, mein Herzblättchen!"
Dann zündete er sich eine Zigarre an.
Schenkte mir Stoffreste.
Garnreste.
Kreidereste.
Und nähte mit mir.
Für meinen Teddy eine Hose.
Für meine Puppe ein Kleid.
Die Schneideroma war schon tot, als ich Kind war.
Das fand ich schade.
Es gab ein einziges Foto von ihr.
Sie lachte in die Kamera.

Ihr Lachen gefiel mir sehr.
Normal war es, dass die Menschen auf den Fotos streng schauten.
Irgendwie zum Fürchten.
Meine Tanten und Onkel interessierten sich nicht für mich.
Sie interessierten sich für die Torten, die es bei uns gab.
Und die Schinkenbrote.
Mich nahmen sie nur wahr, wenn sie meckern konnten.
„Sitz gerade!"
„Hampel nicht so herum!"
Das waren ihre Sätze für mich.
Die meisten meiner Cousinen und Cousins waren viel älter als ich.
Die konnten mit mir nix anfangen.
Die fanden mich nur überflüssig.
Es gab einen Cousin, der so alt war wie ich.
Ich liebte ihn sehr.
Hätte ihn später gerne geheiratet.
Aber das ging nicht.
Das war verboten.
Cousin und Cousine, nein!
Würden wir Kinder bekommen, wären die behindert.
Das wollten wir nicht.
Und dann gab es noch zwei Cousinen.
Die eine, ein Jahr jünger als ich.
Die andere, ein Jahr älter.

Wir sahen uns regelmäßig.
Wir spielten zusammen.
Aber wir liebten uns nicht.
Es gab sie.
Sie blieben.
Wenn sie verschwunden wären?
Ich hätte sie nicht vermisst.
Ja, mein ganz geheimer Wunsch war:
Ich könnte sie wegzaubern.
Denn das Schlimmste war, auch sie liebten meinen Cousin.
Und er schien sie mehr zu lieben als mich.
Das brach mir das Herz.
Irgendwann hatte ich eine Idee.
Eine, die mich rettete.
Ich beschloss, an die Stelle der Familie Freunde zu setzen.
Freunde konnte man sich aussuchen.
Die konnte man behalten.
Aber auch wieder wegschicken.
Richtig gute Freunde würden bleiben.
Ein Leben lang.
Dann, wenn man sie liebte!

Als ich kein Kind mehr war …

… über 60 Jahre später … also heute:
Bin ich echt dankbar für das, was war!
Ja, ich hatte eine tolle Kindheit!
Sie war voller Abenteuer, in die ich mich stürzen konnte!
Sie war voll Freiheit, die ich mir eroberte!
Ich habe gelernt, aus nix was zu machen!
Und bei Langeweile wurde ich aktiv.
Und die Langeweile verschwand.
Ja, es gab viel Trauer.
Viel Schmerz.
Und auch viel Wut.
Aber das gehört zum Leben.
Wie Freude und Glück.
Und ich habe an das Prinzip der ausgleichenden Gerechtigkeit geglaubt.
Irgendwann würde es mir gut gehen.
Ich würde glücklich sein.
Und dankbar für ALLES.
Was war!

Vier Wochen & ein Fest

Weihnachtliche
Kurzgeschichten von
Doris Meißner Johannknecht

112 Seiten | Taschenbuch
11 x 18 cm
ISBN 978-3-942672-96-2
€ 12,– [D]

**Alle Jahre wieder!
Weihnachten!**

Fest der Stille.
Die Familie in Harmonie und Frieden vereint.
Mit Weihnachtsoratorium und Kerzenschein!
Und Geschenken! Jedes Jahr mehr!
In diesen sechs Geschichten lodert der Weihnachtswahnsinn!
Wie er ist, wie er sein könnte!
Mit der großen Sehnsucht!
Es möge dieses Mal wunderbar sein.
Einmal im Jahr! „Stille Nacht, Heilige Nacht!“
Es wird die Weihnachtsgans gereicht,
wenn der Kater sie nicht gefressen hat ...
Es gibt Obdachlose, die mit am Tisch sitzen ...
Ein Weihnachtsmann, der von der Polizei gesucht wird ...
Hier ist Platz für Alle und Alles!

Der OCM-Verlag wurde 2010 gegründet. Unsere Bücher sind keine Fließbandprodukte, sondern verlangen jedes Mal aufs Neue den vollen Einsatz des kleinen Verlagsteams, das mit Herzblut dabei ist.

Es ist zum Teil außergewöhnliche Literatur, die hier ihren Platz hat. Als unabhängiger Verlag nehmen wir uns diese Freiheit.
Neben mörderischen Kurzgeschichten, spannenden Krimis und aufreibenden Thrillern mit ungewöhnlichen Protagonisten, liegt unser Fokus auf humorvollen und einfühlsamen Romanen und Erzählungen. Aber auch bewegende gesellschaftliche Themen werden verarbeitet.

OCM Der Verlag
Sölder Straße 152 | 44289 Dortmund

www.ocm-verlag.de

OCM GMBH
DER VERLAG